KB212666

압록강 700리,
북한 기차역과 사람들

압록강 700리, 북한 기차역과 사람들 : 북부내륙선(만포-혜산)을 달리다

펴낸날	2025년 5월 20일
지은이	강동완
펴낸곳	도서출판 너나드리
등록번호	2015-2호(2015.2.16)
주소	부산시 서구 송도해변로21 102동 803호
이메일	simple1@daum.net
홈페이지	www.dahana.co.kr https://blog.naver.com/tongil0214
전화	051-200-8790, 010-6329-6392
팩스	0504-099-6392
책임편집	강동완
디자인	박지영
일러스트	권보미 박서인
교정	송현정

ISBN	979-11-91774-08-5(03340)
값	32,000원

이 책은 저작권법에 따라 보호받는 저작물이므로 무단전재와 무단복제를 금지하며
이 책 내용의 전부 또는 일부를 이용하려면 반드시 저작권자와 도서출판 너나드리의 서면동의를 받아야 합니다.

북부내륙선(만포-혜산)을 달리다

압록강 700리, 북한 기차역과 사람들

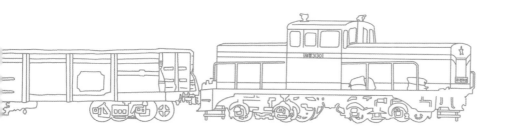

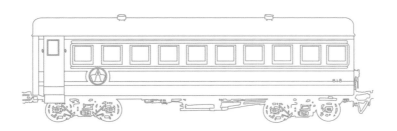

강 동 완

낮도리

초망원렌즈에 담은
북부내륙선(만포청년역에서 혜산역까지)의
기차역과 사람들

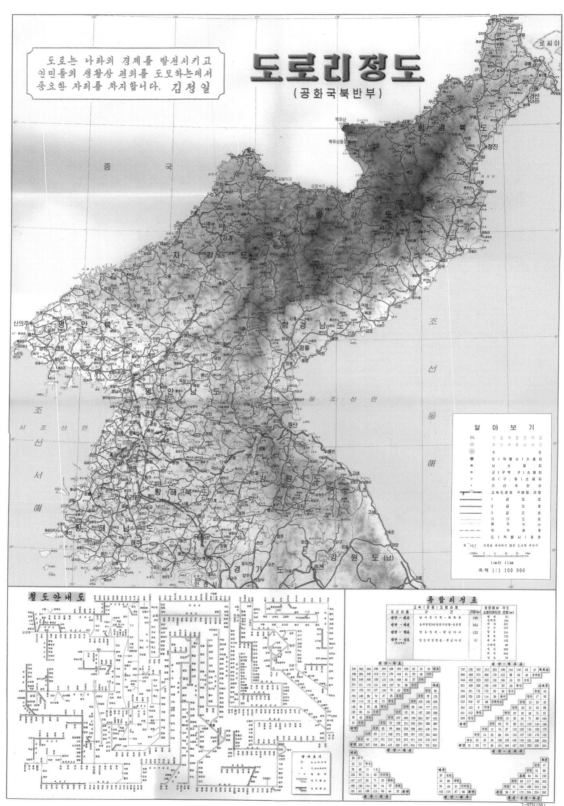

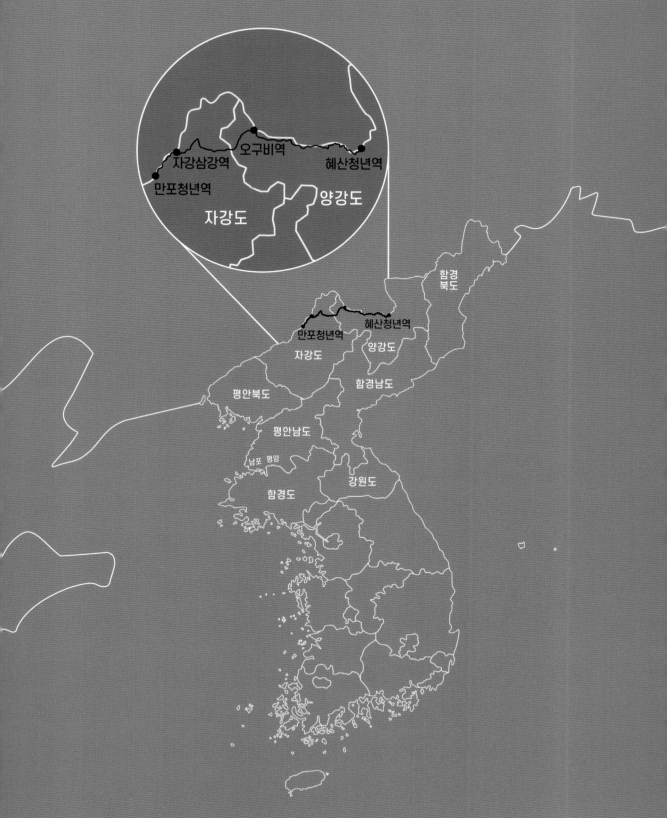

오구비역

자강삼강역

만포청년역

혜산청년역

자강도

양강도

함경북도

만포청년역

혜산청년역

자강도

양강도

함경남도

평안북도

평안남도

남포 평양

함경도

강원도

들어가며

700리 압록강은 한반도에서 제일 긴 강이다. 그 길이만큼 북한과 중국의 경계를 나누며 가장 길고 아프게 흐른다. 북한 사람들에게 압록강은 결코 아름다울 수 없다. 〈압록강 건너 사람들〉(조천현, 통일뉴스; 2016)을 바라보고 〈압록강은 휴전선 너머 흐른다〉(강주원, 도서출판 눌민; 2019)라며, 사람 사는 게 어디나 다 똑같다고 말하는 이들도 있다. 하지만 압록강 너머 북녘 사람들의 삶은 분명 우리와 다르다. 그리하여 압록강은 아프게 흐른다.

혹자는 〈평양의 시간은 서울의 시간과 함께 흐른다〉(진천규, 도서출판; 타커스, 2018)고도 했다. 평양이 마치 북한의 전부 인양 그곳에서 살아가는 사람들의 삶이 행복하다 포장한다. 서울의 모습과 별반 다르지 않다는 점도 강조한다. 그곳에도 똑같이 사람이 산다며...

하지만 평양의 시간은 결코 평양 밖 시간과 똑같이 흐르지 않는다. 북중국경에서 바라본 〈평양 밖 북조선〉(강동완, 도서출판 너나드리; 2018)은 분명 평양의 시간과는 다르게 흘렀다. 혁명의 수도라는 평양직할시와, 국경지역 시골 마을의 차이 정도로 치부하기에는 너무도 간격이 컸다. 오죽하면 김정은이 지난 2024년 1월 시정연설을 통해 "생필품조차 제대로 공급하지 못하는 현실", "세기적인 낙후성의 대명사인 농촌"이라 언급하며 평양과 지방의 차이를 자인했을까. 평양시민과 북한 주민의 삶은 그 간격만큼이나 아프고 서러웠다. 분명 〈그들만의 평양〉(강동완, 도서출판 너나드리; 2019)에 갇혀 〈평양공화국 너머 사람들〉(강동완, 도서출판 너나드리; 2020)을 보지 못했다.

분단인에게 북한은 금역의 땅이다. 조국의 반쪽을 마음대로 오갈 수 있었다면 북중국경을 그토록 자주 찾아가지는 않았으리라. 압록강 건너 한 뼘이라도 더 가까이 북녘의 사람들을 보고자 했다. 건널 수 없는 압록강, 건너서는 아니 될 압록강은 분명 분단인에게 경계였지만, 그곳은 또 다른 만남의 장이기도 했다.

수없이 많은날 동안 그 길을 달리며 문득 어느날 북한의 지명이 궁금해졌다. 대체 지금 어디를 지나는지, 강변에 보이는 이들은 어느 마을 사람인지... 그때 기찻길 옆으로 오막살이처럼 작은 기차역 하나가 눈에 띄었다. 북녘의 마을이 보일 때면 어김없이 그곳에 기차역이 서 있었다. 아마도 그때부터였던 것 같다. 기차역을 찾기 위해 압록강을 달리기 시작한 게...

그저 북녘의 사람들이라는 이름으로 뭉뚱그리지 않고, 마을 이름이라도 붙여 그들의 이름을 불러주고 싶었다. 지금은 만날 수 없겠지만 통일 그날까지 제발 살아만 있어다오 라는 심정으로 그들을 마주했다. 그 한사람, 한사람을...

나서자란 북녘 고향 땅을 그리워하며 죽기 전에 꼭 한번 가보겠노라 다짐하는 이들이 있다. 탈북민이라 불리는 그들에게 사진과 영상으로나마 고향 땅, 고향 사람들을 보여주고 싶은 간절함이었다. 압록강에서 기차역을 찾는 여정은 어쩌면 에둘러 고향을 찾아가고픈 마음들이 모이고 합해진 길이었을지도 모른다.

결정적으로 이 책을 쓰리라 마음 먹은 건 북중국경 답사 때 경험한 충격 때문이다. 북중국경 답사를 가는 팀으로부터 현장 가이드를 해달라는 섭외를 받았다. 중국 단둥과 마주한 신의주, 장백과 마주한 혜산시에 대한 설명은 곧잘 했다. 그런데 버스를 타고 가는 중에 누군가 창밖에 보이는 시골마을을 가리키며 '저곳은 어디인가요'라고 질문했다. 북중국경 1,400km를 달리며 그 모든 지명을 어떻게 다 알 수 있냐며, 고작 집 몇 채 있는 작은 마을에 지명이 있겠냐며 얼버무렸다.

하지만 답사를 끝내고 돌아와서 나 자신에게 한없이 부끄러웠다. 서울에서 부산까지 가는 중에 큰 도시인 대전, 대구, 울산 정도쯤은 알지만, 읍, 면. 리 마을 이름까지 모두 알 수는 없다. 그런데도 "대략 대전과 대구 사이에 있는 마을이니 00군 정도로 보이네요"라고 말할 수는 있다. 특히 기차역은 그 지역의 지명을 붙이기 때문에 기차역을 찾으면 정확히 그 마을의 지명을 알 수 있다.

그리하여 압록강을 달리며 마을이 보이면 기차역을 찾아 마을 이름을 확인해야겠다고 생각했다.

간절하면 이루어진다 했던가. 중국 연길의 골동품 시장을 헤매던 중 북한 책한 권이 눈에 띄었다. 〈조선의 건축〉이라는 제목의 사진집에는 압록강을 따라 건설된 북부내륙선 철길에 대한 내용이 상세히 기록되어 있었다. 평안북도 만포시에서 양강도 혜산시에 이르는, 길이 240km의 북부내륙선 기찻길.

개마고원의 험준한 산세를 뚫고 압록강을 에돌아 '만포혜산청년선'이라는 이름이 붙었다고 했다. 청년돌격대가 동원되어 수년간 이루어진 공사현장이라면 그야말로 수많은 고통이 뒤따른 죽음의 건설장이었을 것이다. 압록강을 따라 건설된 북부내륙선 기찻길을 따라가면 평안북도, 자강도, 양강도에 걸친 수많은 마을을 확인할 수 있을 것 같았다.

때마침 북한전문언론매체인 〈데일리 NK〉에서 입수한 북한에서 만든 '북한철도 안내도'를 얻을 수 있게 되었다. 안내도 한 장 달랑 들고 기차역을 찾아 압록강을 누비기 시작했다. 망원렌즈로 강 건너 보이는 기차역과 사람들을 담았다. 철도 안내도에 표시된 기차역을 모두 찾고자 하는 마음이었다. 기차역을 찾지 못할 때 방법은 단 하나, 달려온 길을 다시 되돌아가는 것뿐이었다. 어떤 때는 같은 길을 수십 번 오간 적도 있다. 그래도 끝내 〈창골역〉은 그 모습을 보여주지 않아

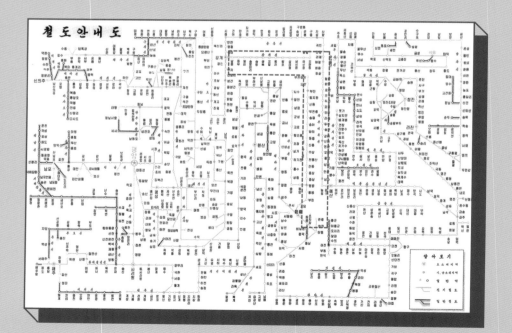

이 책에 담지 못했다. 기차 타고 압록강을 따라 달릴 수 없는 분단인이기에, 강 건너편에서 자동차를 타고 그렇게 압록강을 거슬렀다.

그나마 만포청년역에서 출발해 자강삼강역까지 이르는 길은 압록강을 따라 마을이 형성되어 기차역을 찾을 수 있었다. 하지만 자강삼강역부터 오구비역까지는 압록강이 아닌 북한 내륙지역으로 기찻길이 놓였기에 더이상 찾을 수 없었다. 오구비역부터 혜산역까지는 다시 압록강 강줄기가 이어져 강 옆에 자리한 기차역을 찾았다. 그리하여 이 책은 만포시에서부터 혜산시에 이르는 북부내륙선 기찻길에서 만난 반쪽 조국의 사람들을 담았다.

지금은 압록강 건너에서 북한의 기차역을 겨우 바라볼 뿐이다. 통일 조국을 마주할 그 날에는 저 기찻길 위에 기필코 서리라는 결의를 다져본다. 압록강은 지금도 아프게 흐른다. 언제가 되어야 저 강을 건널 수 있을는지.

2025년 4월 어느날,
분단 80년의 차디찬 봄을 마중하며

96

1988년 8월 우리 나라에는 북부산악 지대의 동서를 잇는 만포-혜산사이의 북부 철길이 개통되었다. 나라의 미더운 청년들은 돌격대를 무어 252키로메터의 철길을 놓고 2만 6,000여 메터나 되는 76개의 차굴과 연 6,300 여메터에 달하는 116개의 다리, 42개의 역사를 건설하는 공사를 불과 5년동안에 끝냈다. 북부철길이 건설됨으로써 우리나라의 철길망은 더욱 훌륭히 완비되게 되였고 북부지대의 지하자원을 적극 개발리용하여 사회주의 건설을 다그치고 인민들의 물질문화생활향상에 기여할수 있게 되였다.

<조선에서의 건설> 중에서

신파청년역　　　97

촌의 모습도 달라진다.

목차

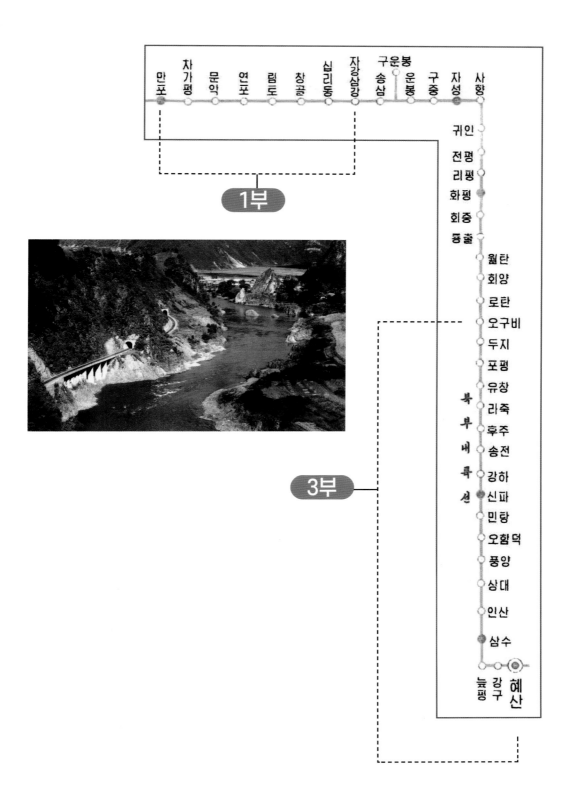

만포
차가평
문악
연노
림도
창골
십리동
자강삼강
구운봉
송삼
운봉
구중
자성
사항

1부

귀인
전평
리평
화평
회중
풍출
월탄
회양
로탄
오구비
두지
포평
유창
라죽
후주
송전
강하
신파
민탕
오함덕
풍양
상대
인산
삼수
늪평
강구
혜산

북부내륙선

3부

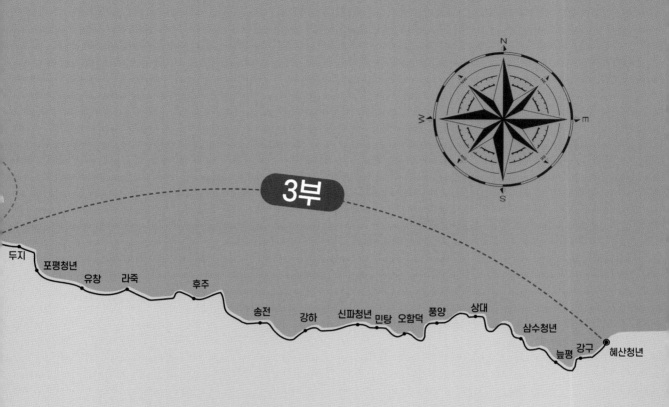

3부

두지 포평청년 유창 라죽 후주 송전 강하 신파청년 민탕 오함덕 풍양 상대 삼수청년 늪평 강구 혜산청년

North Korea

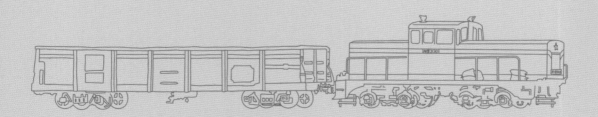

PART

1부

**만포청년역에서
자강삼강역까지**

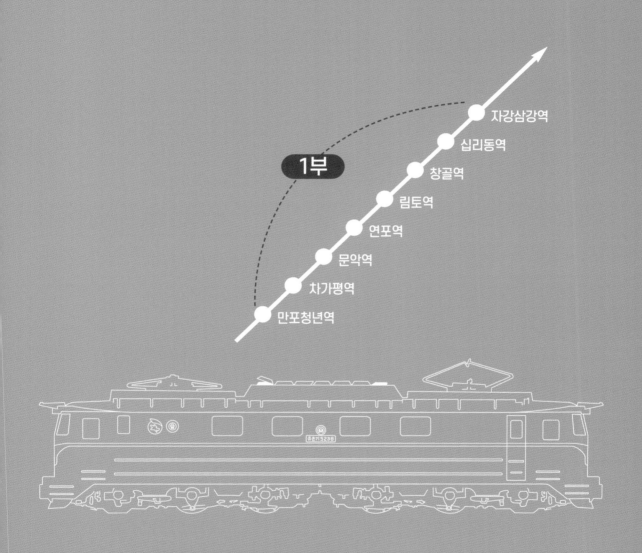

1부

자강삼강역
십리동역
창골역
림토역
연포역
문악역
차가평역
만포청년역

북부내륙선

함경북도

혜산청년역

만포청년역

양강도

자강도

함경남도

평안북도

자성청년

자강
삼강

구중

십리동

상풍강

운봉

창골

송삼

림토

1부

연포

문악

차가평

만포청년

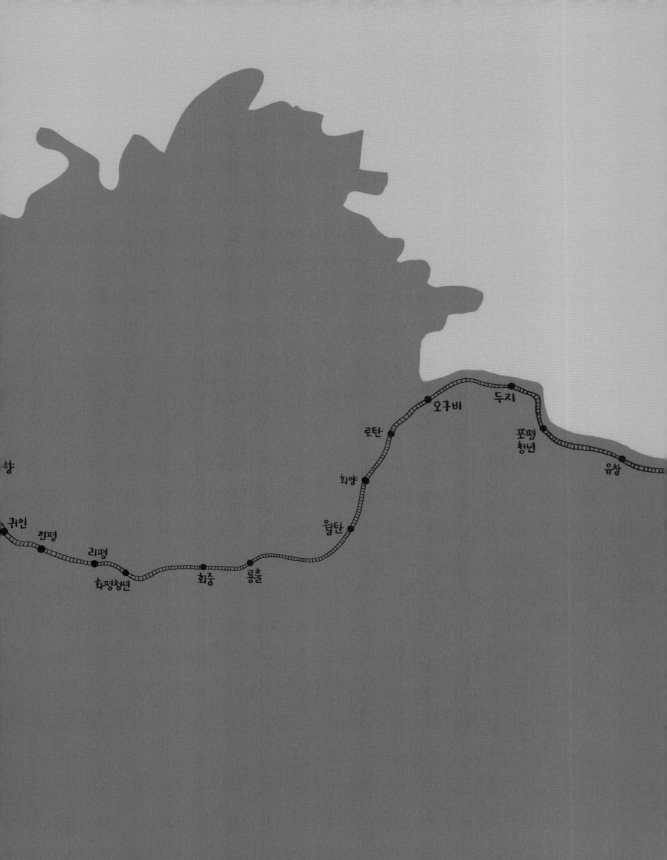

만포청년역

구글지도 검색

01 만포청년역

자강도 만포시는 강계시와 함께 자강도를 대표하는 도시다. 북부내륙선 철도가 만포-혜산선으로 불리기 때문에 만포시는 북부내륙철도의 출발역이자 종착역이기도 하다. 하지만 만포청년역은 아쉽게도 압록강 건너편에서는 볼 수가 없다.

만포시가 보이는 압록강에 서면 제일 먼저 중국 지안(集安)과 연결하는 교량과 철길이 한눈에 보인다. 지난 2019년 4월 지안-만포대교가 개통되면서 만포시의 위상도 달라지고 있다. 무엇보다 중국에서 국가급으로 승격된 지안 도로통상구는 10만 제곱미터 대지에 세관과 출입국 사무소, 물류 창고 등의 시설을 갖추고 있다. 압록강 하류에 신의주-단둥을 연결하는 압록강대교가 북중교역의 거점이라면, 이곳 압록강 중류에는 바로 만포-지안대교가 그 기능을 하고 있다.

만포청년역에서 출발해 그 다음 정차역인 차가평역까지는 4.6km정도 떨어져 있다. 만포청년역을 직접 보지 못한 아쉬움을 뒤로 하고 차가평역을 향해 달려간다.

만포세관 공사중 모습

압록강 건너 보이는 만포시

만포세관

중국 지안세관과 연결된 만포대교를 건너면 제일 먼저 눈에 띄는 건물은 만포세관 건물이다. 국경도시로서의 위상 때문이었을까? 만포대교 북한 관할 구역에는 두 개의 큰 기둥이 마치 관문처럼 세워졌다. 전면 통유리로 장식한 만포세관 건물까지 한 길로 연결된다. 마침 만포세관 기둥 공사를 시작하던 때부터 완공 때까지의 모습을 사진에 담을 수 있었다.

▼ 만포세관 공사후

중국 지안세관

통유리로 장식된 만포세관 건물

만포시 고산리 전경

만포시내를 통과하는 기차

압록강 700리, 북한 기차역과 사람들

만포사람들

만포시멘트공장

　중국 지안에서 만포시를 바라보면 유독 산 정상에 우뚝 선 굴뚝이 눈에 띈다. 바로 만포시멘트공장이다. 북한을 대표하는 만포청년기차역이 있는 시가지와는 조금 떨어진 곳에 있다. 공장 건물 한쪽에 '군자리노동계급의 정신으로 살며 싸우자'라는 붉은색 구호가 선명하다. 군자리노동계급의 정신은 6.25전쟁 당시 북한에서 전쟁물자를 생산하던 평안남도 군자리 공장을 의미한다. 당시 열악한 상황에도 주민들이 맨손으로 무기를 만들었다며 선전하는 곳이다.

만포시고산고급중학교

만포시 고산동에 자리한 만포시고산고급중학교는 주택지와 떨어진 벌판에 홀로 서 있는 모양새다. '경애하는 김정은원수님의 참된 아들딸이 되자'라는 구호가 학교앞에 선명하다. 김일성과 김정일이 현지지도 했던 학교라는 간판도 붙여 놓았다.

만포시청소년체육학교

만포세관이 내려다 보이는 압록강변에 서면 강변을 따라 뚝방길이 조성되어 있다. 그 길 한가운데에 만포시청소년체육학교가 자리하고 있다.

만포사람들

조국해방전쟁참전열사 묘역

차가평역으로 향하는 길에 만포 시가지를 조금만 벗어나면 야트막한 산 위로 여러개의 묘지가 보인다. 1950-1953이라는 숫자와 함께 '인민군전사들을 영원히 잊지말자'라는 문구가 새겨져 있다. 바로 조국해방전쟁참전열사 묘역이다. 북한은 6.25전쟁을 조국해방전쟁이라 부른다. 미제국주의와 이승만 괴뢰도당이 북침하여 발발한 전쟁에서 승리했다고 선전한다.

그 전쟁에서 전사한 영웅들을 기리는 묘역에 조성된 '영원히 잊지말자'라는 문구가 한동안 뇌리에 스쳤다.

만포철교

1939년 일제강점기에 건설되었지만 6.25전쟁 중 파괴된 이후, 1964년에 재가설되었다.

만포시로 들어가는 검문소 주변에서 일하는 북한주민들과 국경검열관의 모습이다
북한에서 일명 '딸딸이'로 불리는 작은 수레를 끌고가는 여성도 보인다

압록강 700리, 북한 기차역과 사람들

만포시에는 압록강을 따라 제방길이 놓여져 있다
한 무리의 아이들이 모여 무엇인가를 그리고 있다
조선소년단 붉은 넥타이가 선홍빛으로 물든다

<청량음료> 간판이 내걸린 작은 상점이 보인다
돌무더기 울타리가 사람들과 경계를 짓는다

<모두다 사회주의강성국가 건설에로!>라는
붉은색 선전구호가 철조망 위로 삼엄히 내걸렸다

목탄차 한 대가 마을 앞을 지난다
하얀 연기 내뿜으며 힘겨운 고갯길을 오르다 보면
차가 사람을 태우고 가는 것이 아니라,
어느새 사람이 차를 밀고 간다

만포시에 있는 작은 협동농장 마을의 모습이다
인공기가 내걸리고 농구 골대가 있는 곳은 군부대 막사다
그 앞으로 협동농장 관리사무소가 보인다
초록색 지붕이 그나마 개량한 농촌주택이다

만포에서 차가평역을 잇는 고개길

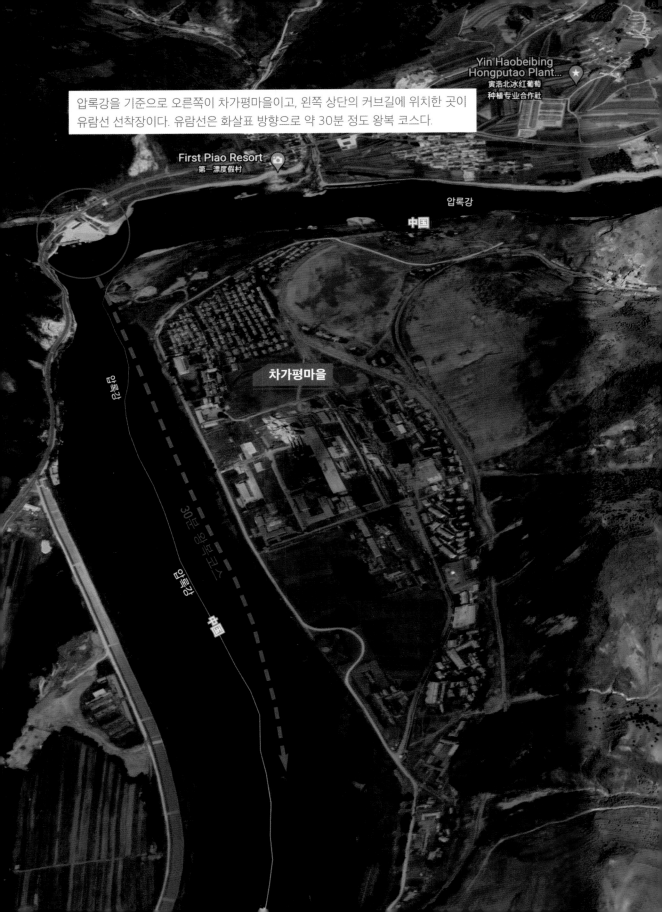

압록강을 기준으로 오른쪽이 차가평마을이고, 왼쪽 상단의 커브길에 위치한 곳이
유람선 선착장이다. 유람선은 화살표 방향으로 약 30분 정도 왕복 코스다.

Yin Haobeibing
Hongputao Plant...
寅浩北冰红葡萄
种植专业合作社

First Piao Resort
第一漂度假村

압록강

中国

차가평마을

압록강

30분 왕복코스

압록강

中国

02 차가평역

아쉽지만 〈차가평역〉도 이전 〈만포청년역〉처럼 압록강변에서 보이지 않는다. 흑백영화에서나 봄 직한 수십 채의 너와집이 줄을 맞춰 나란히 강변에 자리 잡았다. 험준한 북부 산악지역을 기찻길로 잇기 위해서 터널을 뚫고 교량을 세웠다는 설명에 딱 들어맞을 만큼 이 지역의 산세는 가파르다. 압록강 반대편 중국쪽에는 강을 따라 포장길이 반듯하게 놓였지만 북한쪽을 바라보면 해를 가릴 만큼 높은 산이 강변에 드리운다. 차가평역이 어떤 모양으로 어디에 세워져 있는지는 역시 통일 이후에나 확인해야 할 것 같다.

뗏목 유람선은 차가평 마을 앞을 흐르고

차가평 마을이 한눈에 내려다보이는 중국쪽에는 유람선 선착장이 있다. 말이 유람선이지 뗏목처럼 간이 의자를 놓고 모터 하나로 겨우 움직이는 배에 불과하다. 이곳에서 그 유람선을 타면 만포청년역 방향으로 올라가면서 차가평 마을을 조금 더 가까이에서 볼 수 있다. 배를 타고 마을 가까이에 이르렀다 싶을 때, 차가평 마을 앞을 감시하는 초소 군인들이 망원경으로 지켜보며 관광객들의 사진 촬영을 제지한다. 이따금 손도 흔들어 주는 국경경비대 군인도 있다.

한 손에 닿을 듯 가까운 북녘땅

차가평 마을을 좀 더 가까이에서 볼 수 있는 뗏목 유람선

차가평사람들

차가평 마을의 감시초소

무슨 이유에서였을까? 아이를 등에 업은 어미는 초소를 바라보며 한동안
그 자리를 떠나지 않았다.

울음을 터트리는 아이

잔뜩 찌푸린 얼굴로 엄마 뒤를 졸졸 따르던 아이가 결국 길 한가운데서 울음을 터트리고 말았다. 아이를 놀려주려 약간은 장난기 어렸던 엄마의 표정이 여전히 기억에 또렷하다.

차가평 마을에서 만난 아이들은 등을 돌리고 앉았다
그들은 어떤 모습이었을까?

차가평 마을을 지나는 기차와 터널

강변을 따라 나란히 놓인 집과 벌판 뒤로는 험준한 산세가 펼쳐진다. 그 사이로 난 터널이 눈에 들어왔다. 위성사진에서 터널 위치를 확인해 보니 정확히 마을 초입에서 시작해 끝지점에서 다시 터널로 이어진다. 만약 기차를 타고 이 지역을 지난다면 긴 터널을 빠져나오자마자 왼편으로 압록강변을 따라 작고 아담한 집들이 점점이 박힌 마을을 만나게 될 것이다. 감탄사가 채 끝나기도 전에 마을을 벗어난 기차는 다시 터널로 빠져든다.

차가평마을을 지나는 기차 한 대를 마주했다. 분명 화물기차인데 사람들로 빼곡하다. 화물차 위에 위태롭게 앉아 있는 그들이 처음에는 사람일 거라 상상도 못했다. 북한의 기차가 느릿느릿 속력을 내지 못하니 다행이라 해야 할까? 그 어두운 터널안으로 들어간 기차에서 그들은 어떤 모양새로 그 시간을 견디어 낼까.

화물기차 위에
사람들이 빼곡하다
북녘 주민들에게
화물차와 객차의 구분은
없는듯 하다
그저 무엇이든
탈 수 있는 거면 된다

차가평역에서 문악역 까지 가는 길

차가평역에서 문악역까지 가는 길에서 기차 한 대를 만났다.

<광복의 천리길 2호>라고 쓴 기차

압록강 700리, 북한 기차역과 사람들

위성사진으로 보면 터널 길이가
마을전체를 관통할 만큼 길게 이어졌음을 알 수 있다

차가평역에서 문악역 사이

03 문악역

차가평역에서 문악역까지 이르는 중국쪽 도로는 작은 마을 하나를 지난다. 마을을 벗어나면 야트막한 고개를 넘어야 하는데 이 고개만 지나면 중국쪽이나 북한쪽 모두 강변을 따라 이어지는 곧은 길이 나타난다.

위성사진으로 문악리 지역을 살펴보면 기차역 뒤쪽으로 마을이 한눈에 들어온다. 하지만 실제로 압록강변에서 보이는 문악리는 문악기차역사를 포함해 아파트 건물이 나란히 배치된 일자형으로만 보인다. 마을의 형세가 앞뒤로 길게 이어지기 때문에 강변쪽에서 바라보면 골짜기 안쪽까지 형성된 마을 지형을 모두 볼 수 없기 때문이다. 문악리 마을은 압록강 뒤로 높은 산을 등지고 있어 전형적인 배산임수를 보여준다. 산자락 아래 기차역사가 있고, 그 뒤편으로 집들이 길게 이어지는 구조다. 문악역 앞쪽으로 협동농장 선전실과 창고 때문에 기차역사를 볼 수 있는 시야가 가린다. 만약 기차 한 대가 선로에 정차해 있으면 문악기차역사의 지붕과 표지판 정도만 겨우 볼 수 있다.

　문악역 현판 아래에는 〈경애하는 최고령도자 김정은동지를 령도의 중심,
단결의 중심으로 높이 받들어 모시자!〉는 구호가 걸려 있다.

마을을 지나는 기차

　문악리에 도착할 때쯤 마침 마을로 막 들어서는 기차 한 대를 마주했다. 북중국경을 달리면서 기차를 보는 건 그리 흔치 않다. 특히 화물차가 아닌 객차(좌석차)를 보는 건 더더욱 어렵다. 만약 기차를 만났다면 그 다음역에서 기다리면 다시 볼 수 있다. 그만큼 기차 속도가 느리다. 3량의 객차를 연결한 기차에 사람들이 빼곡하다. 기차에 일반적으로 표시하는 역명 표식이 없어 어디를 향해 가는지는 알 수 없었다.

문악리를 지나가는 기차와 자전거를 탄 사람들이 보인다
자전거가 기차보다 훨씬 더 빨랐다

새별 3130

　새별3130이라고 쓴 기관차가 마을을 지난다. 기관차 앞에는 새별을 의미하는 상징과 함께 〈자력자강〉이라는 구호도 달았다. 화물차 한 량을 느릿느릿 끌고 가는 모양새가 자력자강과는 왠지 어울리지 않는 듯하다.

붉은기 5348호 전차

　붉은기5348이라고 쓴 전차 한 대가 선로에 멈춰섰다.

문악리 전경

문악리 연립주택

　문악역사 왼편으로는 연립주택 단지가 들어서 있다. 높은 산자락 바로 아래 지어진 이 집은 2층 높이의 콘크리트 주택 수 십여 동이 나란히 배열된 구조다. 그런데 왜 층수를 더 높이지 않았을까 궁금하다.

문악사람들

문악리 기차역 주변 건물

문악리 기차역사를 바라보고 왼편으로 문악농장문화회관, 김일성-김정일주의연구실, 영생탑, 협동농장관리동 건물이 나란히 서 있다.

문악농장문화회관

영생탑

협동농장관리동

김일성-김정일주의연구실

2019년 4월 <당의사상관철전>선전문구

2019년 7월 <당정책옹위>선전문구

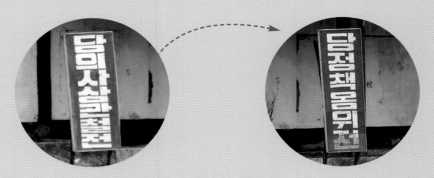

2018년 9월 선전구호
결사의 정신으로 당정책 관철에 떨쳐나서자!
나라의 쌀독을 책임진 주인으로서의 본분을 다해나가자!
과학으로 비약하고 교육으로 미래를 담보하라!
만리마속도창조대전

2019년 4월 선전구호
당의 농사제일주의방침을 철저히 관철하자.
국가경제발전 5개년전략목표수행으로 당을 옹위하자
당중앙위원회 제7기제3차전원회의 결정을 철저히 관철하자
우리식대로 살아 나가자

철길건널목 표지판에는 "철길로 다니지 말 것"이라는 경고문을 새겨 놓았다

문악농장염소사

　마을을 벗어나 기차역이 안 보일 때쯤 다시 몇 채의 가옥이 보인다. 기찻길에 놓인 건널목을 찍으려 카메라 셔터를 눌렀다. 그런데 나중에 사진을 자세히 들여다보니 "문악농장염소사"라고 쓴 건물이 보인다. 간판에 그려진 염소 모양이 꽤나 흥미롭다.

문악역과 연포역 사이 군부대 막사에 설치한 구호판이 무려 8개가 넘는다

- 조선인민의 철천지원쑤인 미제침략자를 소멸하라
- 조국의 국경을 철벽으로 지키자
- 경애하는 최고사령관동지의 훈련명령을 무조건 철저히 관철하자
- 위대한 김정은동지를 수반으로 하는 당중앙위원회를 목숨으로 사수하자
- 민천근영웅이 발휘한 혁명적동지에의 숭고한 정신세계를 적극 따라 배우자
- 총탄 한발에 원쑤 한놈씩 잡는 백발백중의 명사수가 되자
- 신문을 통한 교양사업을 잘하여야 하겠습니다 김정일
- 당중앙위원회...

문악역에서 연포역사이

군부대 막사와 군인들

문악역에서 연포역으로 가는 길에는 소규모댐이 세워져 있다

04 **연포역**

당연히 북한지역을 모두 가보지 못했다. 분단으로 길이 막혔으니 당연히 못 가봤다는 표현이 절대로 어색하지 않은 표현이다. 북한지역을 마음대로 여행할 수 있는 날이 오면 가장 가보고 싶은 장소는 어디인가?

북중국경에서 바라본 북한지역만 고려한다면 아마 연포역 마을도 단연 손꼽히는 곳이다. 중국쪽 압록강변의 야트막한 고개를 돌아나가면 눈앞에 연포역이 그림처럼 펼쳐진다. 평화로운, 한적한, 여유로운, 아름다운, 시간이 멈춘듯한... 이 지역을 표현할만큼 적절한 수식어를 한번에 찾기란 그리 쉽지 않다. 그곳에 살아가는 사람들의 고단한 삶은 잠시 뒤로하고 보이는 풍경만 보면 과히 마음속에 고이 담아두고픈 곳이다.

여름에 가면 연포역을 자세히 볼 수 없다. 연포역을 정면으로 볼 수 있는 중국쪽 지역에 숲이 우거지기 때문이다. 숲을 벗어나 고개마루를 내려올 때쯤이면 시야가 탁 트이지만 막상 연포역은 강 건너 저만치 멀어져 자세히 볼 수 없다. 처음 이 길을 달릴 때 연포역을 찾지 못하고 몇 번이나 지나쳤던 기억이 난다. 겨울에 나뭇잎이 모두 떨어지고 압록강변에 서리가 맺힐 때 하얀색 물안개 너머로 연포역이 살포시 모습을 드러냈다. 연포역은 원래 그 자리에 서 있었지만 울창한 숲에 가려져 보물찾기 마냥 더욱 신비롭게 다가왔다.

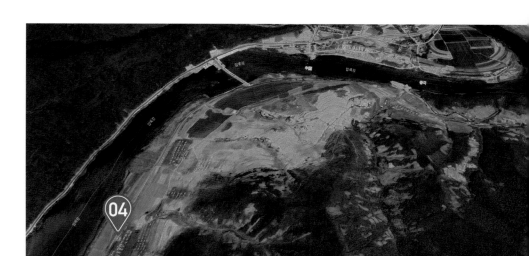

밤새 서리가 내려 눈꽃으로 만발한 압록강변 너머로
연포역과 노란색 기차 한 대가 모습을 드러냈다

연포역의 봄
여름이면 나무숲에 가려져
현재 촬영한 위치에서 연포역을 보기는 어렵다

압록강 700리, 북한 기차역과 사람들

연포역을 지나는 기차

연포역에 두 대의 화물기차가 마주보며 섰다. 한 대는 칠이 다 벗겨져 기차가 움직일까 할 정도로 낡아 보였다. 항상준비라는 구호와 붉은기 5288이 선명하다. 그 옆을 지나는 또 다른 한 대는 기관차 앞에 "자강력제일주의"라는 선전구호를 붙였다. 이 구호는 2016년 김정은이 직접 제시한 정치선전으로 "자체의 힘과 기술, 자원에 의거하여 주체적력량을 강화하고 자기의 앞길을 개척해나가는 혁명정신"을 말한다.

분명히 화물객차인데 기차를 타려고 기다리는 사람들이 제법 많다. 화물차 위에는 군인들이 빼곡이 자리를 잡고 섰다. 언제 출발할지 모르는 기차를 기다리는 무료함을 달래 준 건 바로 핸드폰이었다. 신기했던지 마냥 구경 하며 눈을 떼지 못하는 학생의 모습이 아른거린다. 정상적이라면 하루만에 갈 거리도 일주일이던 한달이던 기차가 가야 가는거라고 했다.

기차앞을 지나는 목탄차(나무와 석탄을 연료로 움직이는 차로 북한에서 승리58이라 부르는 구소련제 화물차)가 연기를 풀풀날리며 간다. 시간을 거스르는 법을 따로 배웠을까?

압록강 700리, 북한 기차역과 사람들

연포고급중학교

연포마을 전경

　연포의 지명은 말그대로 안개가 많은 지역이라는 이름에서 유래되었다. 실제로 압록강과 불과 몇 걸음을 두고 조성된 마을은 강언저리에서 강의 일부처럼 보인다. 이른 아침 물안개가 피어오르고, 겨울에 서리가 나뭇가지에 맺히기라도 하면 연포마을은 그야말로 몽환적인 모습을 그대로 드러낸다.

　정면을 바라보고 기차역사 왼편으로는 연포상점, 문화회관, 김일성-김정일연구실과 영생탑이 자리하며, 그 옆으로 살림집이 조성되어 있다. 살림집은 1동 2가구 형태로 기와집 모양에 울타리로 돼기밭의 경계를 짓는다. 마을과 다소 떨어진 느낌의 큰 건물 하나가 눈에 들어오는데 바로 자강도 만포시 연포고급중학교 건물이다.

연포사람들

연포상점

연포리문화회관

연포고급중학교

김일성-김정일주의연구실과 영생탑

철길건널목과 초소

연포마을 아이들

　연포마을에서 만난 사람들은 옥수수밭에서 일하는 아이들이었다. 한여름 뙤약볕에 아이들은 학교가 아니라 '농촌동원'이라는 이름으로 들녘으로 내몰렸다. 아이들에게 칠월은 결코 '내 고장 칠월은 청포도가 익어가는' 시구처럼 낭만적인 날은 아니었다.

다음 역을 향해: 연포역과 림토역 사이

    연포역을 지나 그 다음역인 림토역으로 향하는 길에 북한 군대 막사가 눈에 띄었다. '섯'이라고 쓴 군부대 앞 경고표지판과 북한군대 막사에는 반드시 설치되어 있다는 농구대 그리고 작업하는 군인들의 모습이 보인다.

* 섯 : STOP

05 림토역

앞서 연포역에서 본 기차역사를 림토역에서 다시 보는 것처럼 두 역사는 비슷하다. 파란색 양철지붕을 얹은 일자형 건물이다. 특이한 건 역사 정면에 새겨진 '림토역' 명판이다. 북한 청봉체로 쓴 '림토'는 기차역사의 규모에 비하면 글씨 크기가 매우 두드러져 보인다. 이전의 연포역 주변으로 아파트 건물이 있었다면 림토역 뒤로는 낡은 너와집 몇 채가 보일 뿐이다. 기차역사나 집 모두 지붕을 제외하고는 코발트 빛 페인트칠을 했다. 플랫폼에 세워진 선전구호판을 확대해서 보니 희미하긴 하지만 그 내용을 알 수 있을 것 같다.

"3대혁명 붉은기쟁취운동을 더욱 힘있게 벌리자!"라는 구호밑에 '오늘도 무사고', '무사고 급권보장', '철길 염려말라'등의 내용이다.

돌무더기 산위의 집

나무 한 그루 자라지 않는 돌무더기 산 위에 집을 지었다.
똑같은 모양으로 나란히 지어진 집,
그리고 철길을 따라 걷는 똑같은 사람들이 있다.

계절이 변하고 옷을 갈아입은 뒷산

림토역 앞에 기차 한 대가 멈추어섰다. 계절이 바뀌어 림토역사 뒷산이 옷
을 갈아입는다. 한여름이면 그나마 초록빛이 너른 산을 뒤덮는다. 산자락을
땅뙈기로 갈아엎어 그나마 추수를 한 모습이 가을의 흔적이다. 사계절 중 하
얀 눈 덮인 림토역의 풍경을 카메라에 담아내지 못한 것이 아쉽다.

림토역의 봄

여름

겨울

가을

북한과 중국은 소규모 댐 하나로 연결되었다

림토역을 지나는 기차

화물기차에 탄 군인들이 보인다

림토사람들

철길을 걷고 있는 사람

마을 골목에서 딱지치기를 하는 림토마을 아이들

림토역 옆으로 밭을 개간하고 거름작업을 하는 사람들

06 # 십리동역

림토역을 지나 조금 평탄한 길을 달리다 보면 강 건너 야트막한 고갯길 아래 자리잡은 십리동역을 마주한다. 앞서 문악역, 림토역과 똑같이 생긴 단층 건물이지만 차이가 있다면 건물 가운데 삼각형 모양의 지붕이 있다는 점이다. 김일성, 김정일 초상이 걸린 삼각형 지붕과 함께 기차역사 왼쪽에는 "경애하는 최고령도자 김정은동지 만세", 오른쪽에는 "영광스러운 조선로동당 만세"라는 선전구호가 붙어 있는 건 북한 기차역의 전형적인 상징이다. 그런데 십리동역은 바로 그 선전구호 가운데에 삼각형의 지붕이 도드라져 김일성, 김정일 초상이 더욱 뚜렷이 나타난다. 그래서일까? 기차역사 앞 '수령복'이라는 구호도 십리동역에서만 볼 수 있는 구호였다.

압록강에서 다소 가까운 곳에 있는 십리동역은 앞쪽으로 시야를 가리는 장애물이 없기에 기차역사가 한눈에 들어온다. 기차역 뒤편으로 마을이 조성되어 있어서 더욱 기차역이 잘 보인다. 전형적인 배산임수라 해야 할까? 기차역이 자리 잡은 마을 뒤편으로는 높은 산이 마치 마을을 지켜보는 듯하고, 마을 앞으로는 압록강이 유유히 흐른다. 십리동역에 정차한 기차안에서 압록강을 바라보면 어떤 느낌일까?

십리동 소학교

십리동역 마을전경

전기 1307

십리동역사 앞에 빨간색 테두리로 디자인한 기차 한 대가 섰다. 〈전기 1307〉이라고 쓰였고 실제 지붕에는 전선이 연결되어 있다.

◀ 군인을 태운 화물기차

앞서 림토역에서 마주했던 화물차가 십리동을 지나간다. 화물객차 위에 올랐던 군인들은 여전히 그 기차 위에 앉아 있다. 자동차를 타고 압록강을 따라 천천히 달려와 한참을 기다린 후에야 림토역을 출발한 기차가 모습을 드러내며 십리동역을 지나간다.

같은 장소, 다른 계절에 바라본 선전판

똑같은 장소지만 계절에 따라 마을의 모양새가 전혀 다르게 보인다. 십리동역 기차역 뒤로 마을의 선전판은 한여름 나뭇잎이 무성할 때는 보이지 않았다. 계절이 바뀌고 앙상한 나뭇가지만이 남게 되자 선전구호판의 선홍색 구호가 한눈에 들어온다. "강원도정신으로 자력자강의 영웅신화를 창조하자"라는 구호와 함께 "올해 알곡생산목표수행에 적극 떨쳐 나서자"라는 구호도 알아볼 수 있다. 결사옹위 간판은 사람 키보다 높게 자리 잡아 공포로 엄습해 온다.

수리기차

십리동역에 정차했을 때는 기차인지도 몰랐다. 생전 처음 보는 모양으로 마치 장난감 같은 기차 한량이 서서히 움직이기 시작했다. 철로를 수리하는 용도로 사용하는 기차 정도로 보인다.

압록강 700리, 북한 기차역과 사람들

십리동사람들

십리동소학교

십리동기차역 뒤편으로 조성된 마을에는 아무리 많아도 50여 가구 정도밖에 보이지 않는다. 1동 다세대 집임을 감안 하더라도 100여 가구 정도로 추정되는데, 마을 규모와 비교하면 소학교 건물이 크다. '조선을 위하여 배우자', '경애하는 김정은 장군님의 참된 아들딸이 되자'라는 구호가 선명하다. 그런데 정작 학교에 아이들의 모습은 보이지 않는다.

자성철길대 십리동철길소대

십리동역사 바로 옆에는 일반 집과는 달리 옆으로 긴 단층 건물이 하나 보인다. 입구에는 〈3대혁명붉은기쟁취전투장〉이라는 간판이 내걸렸고, 현판에는 〈자성철길대 십리동철길소대〉라고 쓰여 있다. 자성철길대는 아마도 자성군 단위를 의미하는 것 같다. 앞서 림토역사 건물에 〈3대혁명붉은기쟁취전투장〉이라는 구호가 걸려 있는 것과 달리, 십리동에는 별도의 건물이 있다. 일심단결, 결사옹위 구호는 다른 역사에서도 흔히 볼 수 있는 구호다. 〈자력갱생의 기치높이 사회주의건설의 새로운 진격로를 열어나가자〉는 신년공동사설 구호도 눈에 띈다.

기차역무원

기차역이 가장 선명하게 보이는 곳이라서 그랬을까? 앞서 본 기차역에서는 역무원을 찾아볼 수 없었다. 마침 십리동기차역으로 기차 한 대가 천천히 들어섰고, 붉은기를 든 역무원이 황급히 뛰쳐나온다. 찰나의 순간이었다.

농장원들과 기찻길

농장원들이 일하는 들녘 한가운데로 기찻길이 지난다.

무심한 듯 쳐다보는 그들에게 기차는 어떤 여운을 남기고 떠나갈까?

십리동역 ⑦ 자강삼강역

십리동역을 지나 압록강을 굽어 달리면 자강삼강역이다. 여기서부터 긴장감은 극에 달한다. 바로 이 지점에 중국 국경수비대 검문소가 설치되어 있기 때문이다. 삼거리에서 우회전하여 강변을 따라 계속 달려가면 자강삼강역에 이른다. 반대로 좌회전을 하면 압록강과는 완전히 멀어져 중국 임강까지 곧장 가는 길이다. 이 길은 운봉댐이 건설되면서 조성된 것으로 천길 낭떠러지처럼 험준한 산악길로 악명 높다.

오른쪽 길은 압록강을 따라 이어지는 길인데 당연히 북한을 계속 보면서 갈 수 있는 길이다. 문제는 이 길로 들어서면 중국쪽 마을에 닿을 수 있지만 그 마을이 길의 끝이라는 점이다. 즉 그 마을에 특별한 용무가 없으면 굳이 한국국적의 사람이 그 곳에 갈 이유가 없다. 그만큼 검문이 삼엄하다.

삼거리 검문소를 무사히 통과했다고 해서 안심할 건 아니다. 삼거리에서 약 30분 정도 비포장도로를 따라 달리다보면 운봉댐관리소가 나온다. 그 앞이 바로 북한의 자강삼강리 마을이다. 하지만 조금 마을이 보일라치면 또 하나의 검문소가 자리하고 있다. 역시 이곳을 지나가기도 쉽지 않다. 자강삼강역을 보기 위해서는 두 곳의 검문소를 무사히 통과해야만 한다.

북중국경을 여행하는 한국인 단체 관광객을 태운 관광버스가 이곳으로 진입하는 것은 애초부터 불가능하다. 결국 현지인 차를 타고 중국쪽 마을에 들어가는 방문객처럼 위장해서 겨우 자강삼강 마을을 카메라에 담을 수 있었다.

그런데 지명과 관련해 자강도 만포시 삼강리(三江理)에 있기 때문에 '삼강역'이어야 하는데 자강삼강역으로 불린다. 자강이라는 단어가 더 붙었다. 즉 자강도 삼강이라는 의미인데 그렇다면 이곳 말고 삼강역이 또 있다는 의미인지 궁금하다.

자강삼강역 건물은 가운데 삼각형 모양의 지붕이 있는 십리동역과 비슷하다. 가운데 뾰족한 삼각형 모양의 지붕을 중심으로 양쪽의 날개를 단 모습처럼 보인다. 마을 한가운데에 위치해 역사 주변으로 민가가 빼곡히 들어서 있는 것도 특징이다. 앞서 다른 기차역사 건물이 평지에 있던 것과 달리 삼강리 마을 자체가 언덕 위에 자리하고 있어서 색다른 풍경을 자아낸다. 두 번의 검문소를 마음 졸이며 통과할 충분한 이유가 된다.

자강삼강역 터널과 교량

자강삼강역과 주변마을 풍경

105

압록강 700리, 북한 기차역과 사람들

자강삼강사람들

삼강리문화회관

 자강삼강역 오른편으로 삼강리문화회관과 영생탑이 자리하고 있다. 문화회관 담벼락에는 "위대한 수령 김일성동지와 위대한 령도자 김정일동지의 혁명사상으로 철저히 무장하자"는 구호가 붙어 있다.

삼강리 제3예방원

 삼강리마을회관 바로 앞에 제3예방원이라고 쓰인 건물이 눈에 띈다.

삼강고급중학교

 자강삼강역 왼편으로 마을을 조금 벗어난 곳에는 삼강고급중학교가 서 있다. 똑같은 형태의 단층집들이 나란히 줄지어 섰고, 그 옆에 제법 큰 규모의 2층건물이 하나 보인다. 산자락 밑에 예쁘게 들어선 건물은 다름아닌 삼강고급중학교다. 마침 수업을

마치고 학교 교정을 뛰어 나오는 아이들의 모습을 카메라에 담을 수 있었다. 집으로 돌아가는 아이들의 발걸음이 무겁다.

감시초소

자강삼강리를 조금 벗어난 철길 옆에 "감시초소"라 쓴 조그만 건물을 하나 발견했다. 철길위를 걸어가는 군인의 모습이다.

기차 터널과 교량

삼강리 마을이 깊은 산속에 자리하고 있음을 전형적으로 보여주는 기차 터널이다. 짧은 거리의 터널이 여러개 이어지며 협곡으로 철길을 이었다. 이제 이 산을 돌아 들어가면 압록강변에서는 그 다음 역을 볼 수 없다. 중국쪽 마을도 운봉댐으로 막혀 더 이상 갈 수 없는 길의 끝이다. 저 터널을 지나면 이제 기차는 압록강이 아닌 내륙으로 이어진다. 지금은 사용하지 않는 낡은 교량 하나가 북한 삼강리와 중국쪽 마을을 이어준다.

압록강변의 모래를 트랙터에 실어 운반하던 사람들

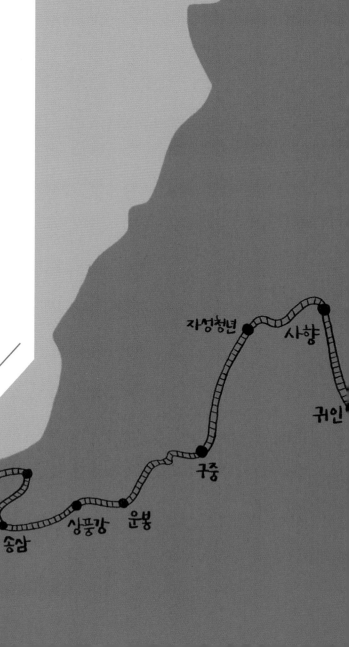

PART

2부

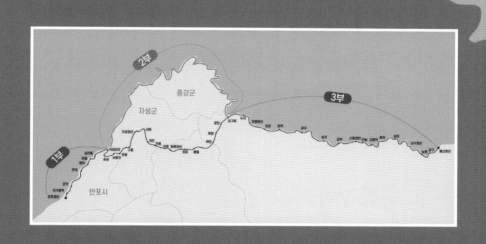

통일이 되면
이 기차역에
닿을 수 있을까?

오구비
로탄
회양
텔탄
룡출
회중
화평청년
리평
평

자강삼강역을 출발해 오구비역까지 이르는 기찻길은 더는 압록강을 따라 달리지 않는다. 압록강 물길 따라 기찻길을 놓았지만 운봉댐으로 가두어 막은 거대한 물줄기 앞에 길은 급선회한다. 압록강이 경계를 이루지만 그마저도 끊겨 북한 내륙으로 아득히 멀어져간 기찻길은 분단의 사람에게는 금단의 영역이다. 길섶에 차를 세우고 내륙으로 아득히 사라진 기찻길을 바라본다. 북부내륙선 기차는 오구비역에서 다시 압록강을 만나 양강도 혜산까지 이어진다.

기찻길은 끊어졌지만, 도로는 이어진다. 운봉댐 옆으로 가파르게 만들어 놓은 산악도로를 따라 3시간 정도를 달리면 린장(임강, 臨江)이라는 마을에 다다른다. 북한 중강진과 마주한 국경의 작은 도시다.

린장에 거의 이를 때쯤이면 가파른 고갯마루에서 압록강 건너 제법 규모가 있는 북한 마을 하나를 발견하게 된다. 〈3월5일청년광산촌〉이라 부르는 북한의 대표적인 선전마을이다.

2부는 자강삼강역에서 운봉댐을 따라 린장까지 가는 길과 〈3월5일청년광산촌〉 그리고 린장 시가지부터 출발해 기차가 다시 압록강을 만나는 오구비역까지의 여정을 다룬다.

112

1 운봉댐을 따라 린장까지 가는 길

자강삼강리를 돌아서 나와 삼거리에서 중국 린장을 향해 달린다. 여기서부터는 운봉댐이 건설되면서 수몰된 지역으로 거대한 물줄기 옆으로 꾸불꾸불 험한 산길이 펼쳐진다. 대형 관광버스가 갈 수 없는 길이다. 한반도 지도를 펼쳐 놓고 보면 작은 지도상에서도 파란색 물로 표시될 만큼 엄청난 크기와 담수량을 자랑한다.

위성지도를 보면 운봉댐 수문 위로 담수량의 규모를 알 수 있다
댐 수문 아래로 압록강이 굽이굽이 흐른다

운봉댐이 건설되면서 북한과 중국 사이는 압록강 폭이 아닌 거대한 호수만큼 거리가 멀어졌다. 댐 옆으로 간신히 이어진 구불구불 비포장 산길은 여간 위험하지 않다. 여름에 갑작스러운 폭우라도 내리면 낙석으로 인해 길이 막히기 일쑤다. 깎아 지른듯한 절벽 위로 아슬아슬 산길을 지나야 한다.

간혹 낙석으로 길이 막히면 뚫릴 때까지 몇 시간이나 그 자리에서 꼼짝없이 기다려야 할 때도 있다. 언젠가 5시간 정도 그 자리에서 꼼짝 못 하고 기다린 적도 있었다. 차량통행을 막아선 채 공사를 하면 오가지도 못하는 신세가 된다.

갑작스러운 낙석으로 도로가 막혔다
도로가 정리될 때까지 하염없이 기다리거나,
달려온 길을 반대로 다시 돌아나가야 한다

운봉댐 옆 낭떠러지 길은 비포장도로지만
그마저도 폭이 너무 좁아 트랙터 한 대가 지나가면 피할 길도 마땅치 않다
막힌 길 위에서 더딘 시간을 그저 흘려보낼 뿐이다

북한의 작은 마을

　운봉댐을 지나오면서 보이는 북한의 마을은 거리가 너무 멀어서 카메라에 담기 어렵다. 이렇게 깊은 산속에 마을이 있을까 할 정도로 험준한 지형에 자리 잡은 곳이다. 댐을 위해 물막이를 한 곳이니 담수량에 따라 마을이 달리 보이기도 한다. 물이 완전히 빠졌을 때는 마을 앞 땅 위에 배가 밑동을 드러내며 묶인 것도 볼 수 있다.

운봉댐의 물이 말라 바닥을 보이면
북한지역의 배는 밑동을 드러낸 채 육지와 닿는다

산자락마다 듬성듬성 집들이 들어섰고, 제법 규모를 갖춘 산간마을 한두 곳도 볼 수 있다. 이 지역을 지날 때면 대부분 도로공사나 낙석으로 인해 일정 시간 통행을 막는 경우가 있다. 이럴 때 차량과 기사를 남겨두고 무작정 걸어서 가다 보면 의외로 귀한 장면을 발견할 때가 간혹 있었다. 오히려 차를 타고 가면 비포장도로라 사진을 찍기 어렵다. 통행량이 많지 않은 한적한 산속 댐 주변길을 홀로 걸으며 산자락 깊이 자리 잡은 북녘의 마을을 대하는 건 표현하기 힘든 감동으로 다가온다.

운봉댐 건너편으로 북한 마을이 듬성듬성 보이고 산자락은 밭으로 개간되었다

언제 뚫릴지도 모를 길 위에서 하염없이 시간을 보내기가 무료해 차량은 세워둔 채 걸어서 가 본 적도 있다. 구불구불 천 길 낭떠러지를 걷노라면 호수 건너편 북한마을이 하나둘 눈에 들어온다. 그 마을에 닿을 수 있기를 바라는 마음이 거대한 호수를 건넌다.

3월 5일 청년광산촌

　운봉댐 옆으로 가파른 길을 서너 시간쯤 달리다 보면 눈앞에 보이는 건 구불구불 산길과 거대한 물줄기 뿐이다. 천 길 낭떠러지 길을 조심스러이 달리고, 아슬아슬하게 세워진 다리를 건너기도 한다. 한겨울이면 호수가 얼어붙어 심지어 물길을 따라 굽은 도로가 아닌 얼음 위를 가로질러 달리는 차량도 볼 수 있다. 몇 시간 동안 차를 타고 달려도 보이는 건 호수뿐이니 가히 그 규모를 짐작하고도 남는다. 도대체 이렇게 가파르고 굽은 길을 얼마나 더 가야 하는지 내심 불만이 터질 때가 일쑤다.

　그렇게 한참을 달리면 마치 길 위에서의 고생을 한 번에 덜어주듯 놀라운 전경이 선물처럼 펼쳐진다. 이 길의 최종목적지인 중국 린장시(임강시, 臨江

운봉댐 건너 3월5일청년광산촌 마을이 보인다

위성사진으로 봐도
이 마을의 규모가 얼마나 큰지를 단번에 알 수 있다

市)를 약 16km 정도 앞두고 고갯마루를 하나 넘어서면 마치 동화에서나 봄
직한 거대한 마을 하나가 시선을 사로잡는다. 북중국경 지역에서 이런 형태
의 마을을 보는 건 이곳이 유일하다.

바로 〈3월5일청년광산촌〉이라 불리는 곳이다.

3월5일청년광산촌의 유래는 1968년 3월 5일로 거슬러간다. 1968년 3월 5
일 김일성이 중강군을 방문했을 때 맞은편 중국 린장(臨江)에 철광산이 있
다며 광물조사를 지시했고 실제로 동광이 발견되었다. 그후 이곳은 3월 5일
청년광산으로 불리게 되었다. 이러한 내용을 담은 안내판은 철거되었고, 안
내판이 있던 자리에는 쉼터가 조성되었다.

북한 노동신문은 '조선속도로 세계를 앞서나가자'라는 제목의 정론에서
'3월 5일청년광산'은 "폐광직전에서 눈덩이처럼 재부를 불쿠고(늘리고) 전
혀 없던 새로운 공업을 연속 새끼쳐 오늘은 하나의 거대한 첨단수준의 공업
개발구로 자기의 면모를 완전히 바꿨다"라고 소개했다. 또한 "세계적으로도
몇 개 안되는 습식제련소를 5년은 걸려야 하지만, 1년 만에 조업의 불을 지
피여 첫 제품을 뽑아내고 이번에는 또 새로운 분야인 강철공장 건설을 시작
하게 된다"며 "이들은 세계 공용어가 될 수 있는 '조선속도'의 새 기록자들"
이라고 선전했다.

김정일은 2010년 〈3월 5일 청년광산〉의 발전된 모습을 보고 인민의 무릉
도원이고 공산주의 선경이라고도 했다. 인민의 무릉도원이라 선전해서 그럴
까? 이 마을 사람들은 생활이 풍족해졌다며, "쌀 걱정, 물 걱정, 땔감 걱정,
전기 걱정이 영원히 사라졌고 남새(채소)와 과일은 이 마을의 처치 곤란이
라고 하니 얼마나 흐뭇한가"라고 선전한다.

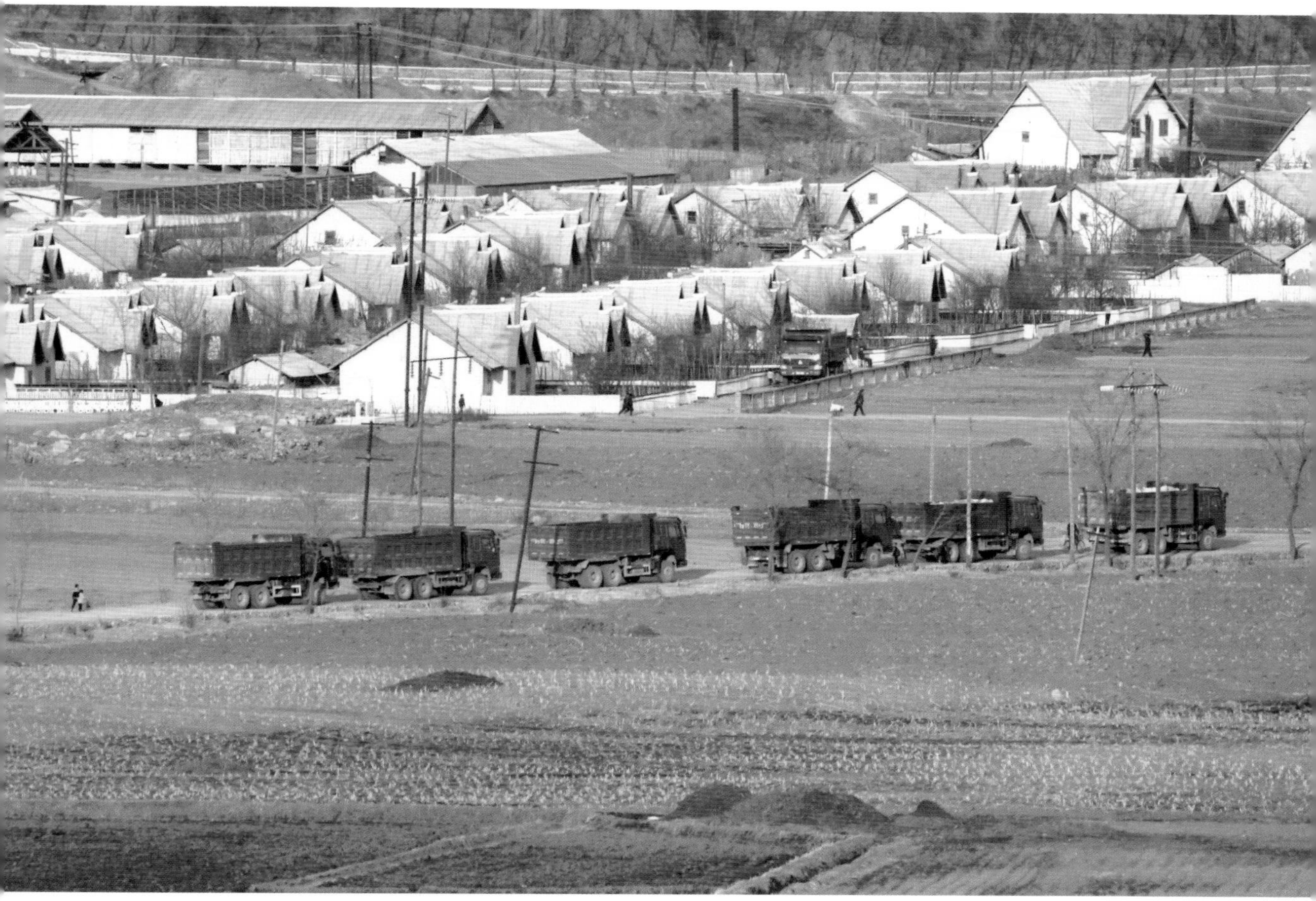

3월5일청년광산촌의 낮과 밤, 선전구호에만
훤히 불을 밝힌 어둠 속에서 사람의 온기는 비추이지 않는다

공장

밤이 늦었지만 공장의 불빛은 환하다

김일성-김정일주의 연구소

문화회관

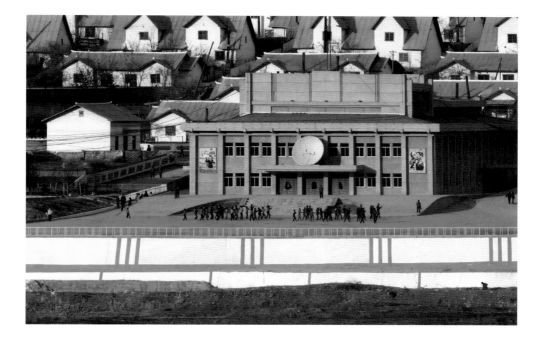

선전구호

영생탑

3월5일청년광산촌에서 린장 시내까지 가는 길

린장 시내에 이르기 전에 자강도 중강진 마을의 일부가 압록강 너머 어렴풋이 보인다. 강변에서 빨래하는 여성들이 유난히 많다. 강둑 그늘 언저리는 배구놀이를 하는 아이들의 차지다. 계절이 달리해도 그 자리에는 늘 아이들이 있었다.

린장에 거의 다다를 때면 압록강에 나와 빨래하거나 물을 길어가는 북녘 여성들을 어렵지 않게 볼 수 있다. 그렇게 북한의 중강진과 마주한 중국 린 장에 도착한다.

　사실 린장에 이르는 길은 두 갈래다. 하나는 지금 우리가 이 책에서 달리고 있는 운봉댐 옆으로 난 험준한 산악길이다. 북중국경 답사를 떠난 단체 여행객을 태운 관광버스는 들어올 수 없는 가파르고 좁은 도로다. 압록강 물줄기를 한 움큼 담아낸 운봉댐을 바라보며 달리는 울퉁불퉁 비포장길의 힘든 여정이다.

　또 하나의 길은 북한 만포시가 내려다보이는 중국 지안에서 국도를 따라 린장까지 편히 오는 길이다. 당연히 압록강과 멀어지기 때문에 북한지역을 전혀 볼 수 없다.

압록강 700리, 북한 기차역과 사람들

3 린장 시내에서 오구비역까지 가는 길

　북한의 중강진을 마주한 중국 린장(臨江)에서 잠시 숨을 고른다. 북한의 중강진과 마주한 지역이지만 정작 린장에서는 압록강 건너 중강진이 보이지 않는다. 겨울이면 린장의 압록강은 썰매장으로 변한다. 린장 사람들이 남녀노소 가리지 않고, 압록강변에서 썰매를 즐긴다. 얼음위를 반대편으로 조금만 달려가도 강의 경계는 모호하다. 그만큼 린장과 중강진 지역은 거리가 가깝다. 북한 내륙으로 들어간 열차가 다시 압록강변으로 나오는 오구비역을 찾아 린장을 뒤로 한 채 다시 길을 나선다.

전망타워에서 내려다 보면 압록강 건너 북한 마을이 한눈에 들어온다

도로 옆 전망타워

린장역을 출발해 약 20여분 달리다 보면 산길을 깎아 만든 협곡길을 만나게
된다. 압록강 폭이 유독 좁아지는 곳이라 북한 마을이 한 손에 잡힐 듯 가까워
진다. 압록강변에 잠시 차를 세우고 북녘의 마을을 바라보기에 참 좋은 곳이
라는 생각이 드는 바로 그곳에 아니나다를까 넓직한 전망대 타워가 자리하고
있다. 공사가 한창일 때 본 게 마지막이라 지금은 완공되었는지 사뭇 궁금해
진다. 전망대 타워 용도가 압록강 건너 북한 마을을 보기 위함이라는게 내내
쓸쓸하기만 하다.

북한이 보이는 작은 식당

국경의 작은 마을이 간간이 보이는 길이기에 마땅히 쉬어갈 곳이 없다. 아침 나절에 린장을 출발해 압록강을 거슬러 가다보면 점심 때 허기진 배를 달래줄 식당 하나를 발견하게 된다. 강변에 생뚱맞게 선 작은 건물 하나를 식당으로 운영하는데 그나마 관광객들이 오가는 여름 한 철만 영업하는 곳이다. 2층으로 올라가면 북한의 작은 마을이 한 손에 잡힐 만큼 가깝다. 그리고 그곳에는 소나무 한 그루가 외로이 서 있는데 사시사철 언제 가도 늘 그 자리에서 푸르게 맞아준다.

식당 창문 너머로 압록강이 보인다. 북녘 산하에 외로이 선 소나무 한 그루를 계절마다 바라보았다

식당에 앉아서 바라보는 북녘풍경은 그리 아름다운 자연경관만은 아니다
거의 직각으로 내걸린 산위에서 힘겨이 밭을 일구는 사람들의
거친 숨소리가 들려올 정도로 가깝다
식량으로 보이는 포대를 어깨에 짊어진 아이의 걸음은 무겁고 애처롭다

중강군 장흥고급중학교 가래골분교

린장에서 오구비역까지 이르는 길에서 만나는 북녘의 마을은 기찻길조차 놓을 수 없는 그야말로 오지 중의 오지다. 그래서일까? 작은 마을 어귀에 외로이 선 작은 건물에는 분교라는 이름을 달았다.

자강도 중강군 상장동에는 어떤 건물이?

　중국에서 압록강 건너 바라보면 아름다울 만큼 예쁜 강변 마을이지만 아마도 북한 내에서 이 마을에 닿으려면 첩첩산중 가로막힌 길들을 헤쳐야 할 것이다. 그곳에 중강군 상장동이란 이름의 작은 마을이 있다.

상장상점

상장동 계급교양실

상장동 김일성-김정일주의 연구실

부전리 마을을 지나다

기차역이 없어 마을 이름을 알지 못해 너무 답답했다
마침 작은 건물에 부전리인민병원이라는 표지판이 망원렌즈에 담겨왔다
압록강변 작은 마을이라는 명칭이 정확히
그 이름을 찾아 부전리로 표기할 수 있었다

북한의 중강진 지역을 마주하고 달리다 보면 유독 군부대 막사를 많이 볼 수 있다. 막사 앞에 흐르는 압록강변에 군복을 입은 군인과 빨래하는 여성이 함께 시간을 흘려보낸다.

<3월5일청년광산촌>을 지나서 중국 린장까지는 약 10km를 달려야 한다. 중국 린장은 북한 중강진과 마주한 도시인데 압록강에서 중강진의 모습을 보기는 어렵다. 린장까지 가는 내내 중강진 마을의 일부가 보인다.

PART

3부

오구비역에서
혜산청년역까지

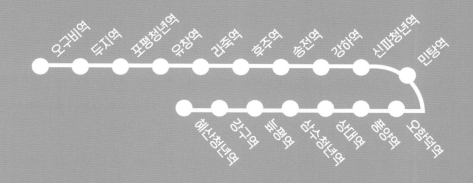

오구비역 두지역 포평청년역 유창역 라죽역 후주역 송전역 강하역 신피청년역 민탕역

혜산청년역 라구역 비평역 삼수청년역 산태역 봉오역 오함덕역

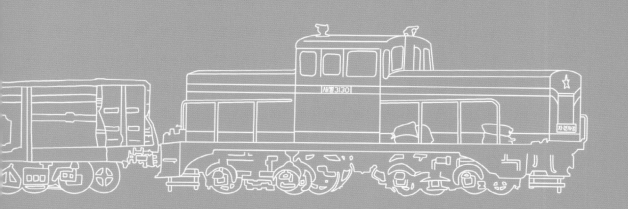

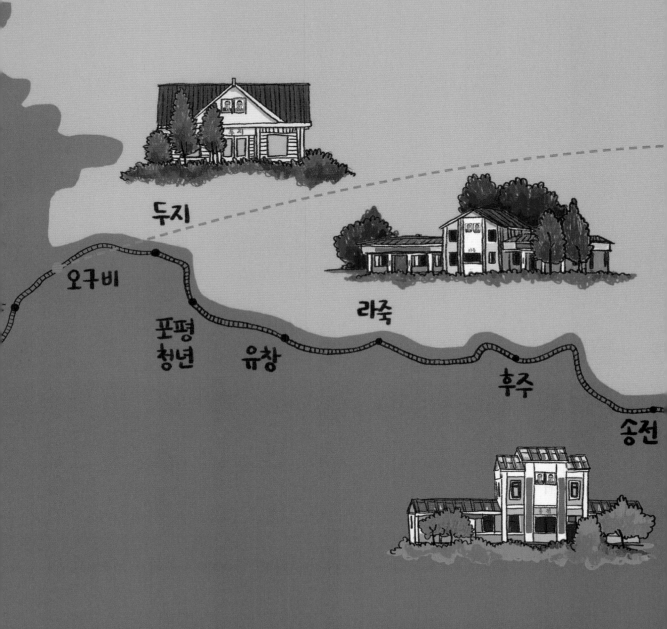

3부

상대

상하　신피청년

민탕　오함덕

풍양

삼수청년

늄평

강구　혜산청년

08 # 오구비역

북한 내륙으로 들어갔던 기차는 오구비역부터 다시 압록강을 따라 달린다. 자강도 만포시를 출발한 기차는 운봉댐으로 인해 압록강이 아닌 내륙으로 길을 돌렸다. 압록강에서 다시 기차를 만날 때는 이제 자강도가 아니다. 오구비역부터는 행정구역상 양강도 김형직군에 속한다. 이곳의 공식 지명은 김형직군 죽전리에 해당하는데 죽전역 다음역이 바로 오구비역이다. 풀어쓰면 다섯 개의 고개라는 의미인데 아마 북한 내륙쪽에서 압록강으로 선로를 내는 위치에 고개가 많았던 지형을 표현한 것으로 보인다. 실제로 중국쪽 길에서 내려다보면 오구비역이 위치한 산세가 매우 험준한 고갯마루임을 알 수 있다. 순우리말이라 그럴까? 북부내륙선 기차역 이름 중에서 가장 예쁜 이름인 것 같다. 오구비 마을은 어떤 모습일지 더욱 궁금해진다.

기차역 건물의 형태는 앞서 다른 역과 똑같이 가운데 김일성-김정일 초상이 걸린 삼각형 지붕이 도드라진 형태다. 차이가 있다면 계단을 한층 올라가서 건물이 세워진 것이다. 그리고 기차역 앞에 이정표가 세워진 것도 차이가 있다.

계절이 바뀌고 장막이 펼쳐진 오구비역

　어느역이나 마찬가지로 계절에 따라 역의 풍경은 사뭇 다르다. 한 여름 수풀이 우거지고 나뭇잎이 무성할 때면 압록강 언저리에서 기차역을 보기란 쉽지 않다. 계절이 바뀌고 무성한 나뭇잎이 떨어지면 기차역은 가려진 장막을 펼치듯 그 모습이 드러난다.

산속 기찻길을 달리는 기차: 당이 결심하면 우리는 한다?

오구비사람들

감시초소

    오구비역 주변으로 유독 감시초소가 많이 눈에 띈다. 굽이굽이 계곡을 돌아 나오는 험한 산악 지형 앞에 압록강이 길게 늘어섰다. 강을 건너려는 자가 숨어 있기에 더없이 좋은 곳이라 그럴까. 감시초소마다 CCTV 카메라가 설치되었다. 마을 전체가 한눈에 내려다 보이는 높은 언덕 위에 세워진 감소초소. 무엇을 지키고 섰을까?

터널과 철길건널목

　기차가 지나갈 때쯤이면 미리 전자 신호를 통해 경적을 울리고 자동으로 여닫히는 철길건널목이 생각난다. 하지만 오구비마을의 철길건널목은 그야말로 나무 하나 걸쳐 놓은 장애물에 불과했다. 누군가 직접 나무를 내리고 들어올려 철길을 막아서는 방식이다. 철길 건널목 X자 경고판이 장난감처럼 보인다. 아이를 등에 업은 어미는 누구를 기다려 섰을까? 작은 터널 사이로 기차는 언제쯤 그 모습을 드러낼까.

평행봉 위 북한군인

오구비역을 조금 지나 마을 어귀에서 군대 막사 안에서 훈련중인 북한군인들의 모습이 눈에 들어왔다. 평행봉에 매달린 군인들이 번갈아 가며 공중회전을 한다. 자신도 할 수 있을까 라는 걱정 때문일까? 어느 군인의 눈망울에는 수심이 가득한 듯하다.

농약통과 군인

앳되다 표현해도 괜찮을는지. 농약통에 물을 담기 위해 압록강변에 나온 북한군인을 마주한다. 산간마을 돌덩이 갈아엎어 겨우 부침땅 하나 마련하고 살아간다.

오구비의 아이들

오구비역 옆 빈집은 아이들의 놀이터로 변했다. 공놀이 하는 아이들의 표정은 정겹기만 한데, 소년단 붉은 넥타이는 더없이 가슴을 옥죄인다.

디딜방아 찧는 마을

정녕 사람이 사는 집인가 할 정도로 낡고 어스러져 가는 단칸 살림집들이 오밀조밀 들어섰다. 자세히 들여다보니 디딜방아다. 척박한 삶을 이어가는 오구비마을 사람들의 애환이 문턱을 넘는다. 나무로 경계를 지어 밭을 구분하고, 고삐 매어놓은 어미 옆 송아지는 한가롭기만 하다. 누가?

159

경계를 넘어

160

오구비역 전경이 한눈에 들어온다

09 두지역

오구비역에서 두지역까지는 약 8km 정도 떨어져 있다. 8km는 북한 철도를 기준으로 한 거리이기 때문에 중국쪽에서 자동차로 달리면 이보다 훨씬 더 가까운 곳에 있다.

주변으로 숲이 우거져 두지역은 보이지 않았다. 두지역 바로 앞에 〈두지철길소대〉라는 명판을 단 건물이 하나 있는데 여름이면 역시 나무에 가려져 전혀 보이지 않는다. 두지역도 다른 기차역과 마찬가지로 삼각형 지붕에 김일성-김정일 초상이 걸려있다. 플랫폼에 세워진 이정표가 포평-오구비 사이에 두지역이 있음을 말해준다.

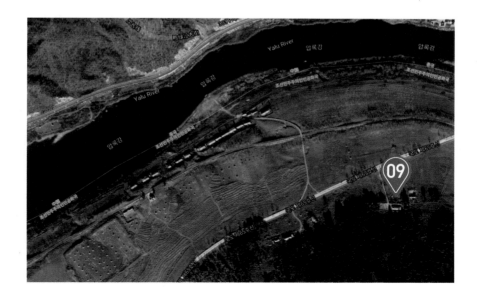

같은 장소, 다른 계절

두지사람들

두지철길소대

　'혜산철도분국 포평철길대 두지철길소대'와 '3대혁명붉은기쟁취 전투장' 이라고 쓴 현판이 내걸린 건물이 보인다.

압록강 뗏목 만드는 마을

　압록강 얼음이 녹는 봄이 오면 압록강 골짜기 마을마다 통나무를 운반하는 떼몰이가 시작된다. 통나무를 얼기설기 엮어 떼를 만들고 거친 물살을 따라 통나무를 이동하는 압록강유벌공의 삶이 마을 곳곳에 베어있다. 두지 마을의 고즈넉함은 언제나 뗏목으로 기억된다.

두지역 앞 살림집

두지역사 바로 앞에는 두 채의 살림집이 있다. 기찻길옆 오막살이라고 해야 할까?

철길건널목

두지역에서 조금만 달리면 철길건널목이 하나 보인다.

두지마을의 아이들

　두지마을에서는 유독 아이들을 많이 보게 된다. 집앞에 가꾼 텃밭은 계절
에 따라 색깔을 달리한다. 눈내리는 한겨울이 되면 하이얀 텃밭은 아이들의
눈썰매장으로 변한다.

10 포평청년역

양강도 김형직군의 행정구역상 이름은 원래 후창군(厚昌郡)이었다. 1988년 김일성의 아버지인 김형직의 이름을 따라서 김형직군으로 개명했다. 김형직군으로 이름을 바꾼 건 포평나루터와 관련이 있기 때문이다. 후창군을 마주한 중국 지역은 팔도구라는 곳이다. 북한의 혁명역사는 김형직이 바로 이 지역에서 항일무장투쟁을 했다고 가르친다. 1912년 김형직이 체포된 곳도 바로 팔도구라고 한다.

현재 중국 팔도구지역에는 국경검문소가 자리하고 있다. 포평청년역은 그야말로 숱한 시간을 들여 찾아낸 곳 중의 하나다. 북부내륙선 기차역 가운데 아마도 제일 마지막에 찾은 역사로 기억된다. 분명 두지역 다음에 포평청년역이라고 쓰여 있었지만, 차를 타고 가다보면 포평청년역이 아닌 라죽역이 보였다. 몇 번이고 왔던 길을 다시 돌아가도 포평청년역을 찾을 수 없었다. 북중국경에 자주간다고 하더라도 한달에 한번 정도 이 길을 달리는 건 결코

쉽지 않다. 이번 여정에서는 꼭 포평청년역을 찾겠다고 마음먹어도 역사는 보이지 않았다. 더욱이 포평청년역이 있는 김형직군은 북부내륙선이 다니는 북한의 마을 중에서 꽤나 큰 도시에 해당하는 곳이다. 그런 마을에서 기차역을 찾을 수 없다는 게 아쉬웠다.

포평청년역사를 쉽게 찾지 못한 또 다른 이유는 바로 국경검문소 때문이었다. 두지역을 지나 포평으로 가는 길에는 중국 국경수비대 초소가 있다. 중국 단둥에서 출발해 여기까지 오면서 촬영한 사진을 모두 숨기고 빈 메모리 카드로 교체하는 등 검문에 철저히 대비해야 하는 곳이다. 그렇기에 더욱 기차역사를 찾는 데에 어려움을 겪었던 것 같다. 결국 포평청년역을 찾은 건 다른이의 도움을 받았다.

20명 정도로 구성된 어느 북중국경답사팀의 현지 가이드를 맡았던 날이었다. 압록강을 따라 이동하며 버스에서 창밖으로 보이는 북한지역을 설명하며 부탁아닌 부탁을 드렸다.

"그동안 제가 숱하게 이 길을 다녔지만 포평청년역을 찾지 못했습니다. 두 지역을 방금 지났으니 그 다음역이 포평청년역인데 아무리 찾아도 없습니다. 혹시 포평청년역을 찾으시는 분께는 큰 선물을 드리겠습니다(?)"

수없이 오간 길에서 찾지 못했는데 이곳을 처음 방문하는 분들이 찾을수 있을까 싶었지만 그토록 간절한 마음에 부탁을 드린 것이다. 그런데 얼마지나지 않아 버스안에서 어느 한 분이 소리쳤다.

"저기 강 옆에 보이는 게 기차역 아닌가요? 포평청년역일 것 같은데..."

설마하는 마음으로 눈을 돌렸을 때 거짓말처럼 그곳에 포평청년역이 있었다. 그토록 찾아도 모습을 드러내지 않던 포평청년역이 어쩌면 저곳에 있었을까 하는 마음이 먼저 들었다. 바로 국경검문소 옆에 있었기 때문에 그동안 기차역을 보지 못한 것이다. 너무도 가까이 있었는데도 말이다.

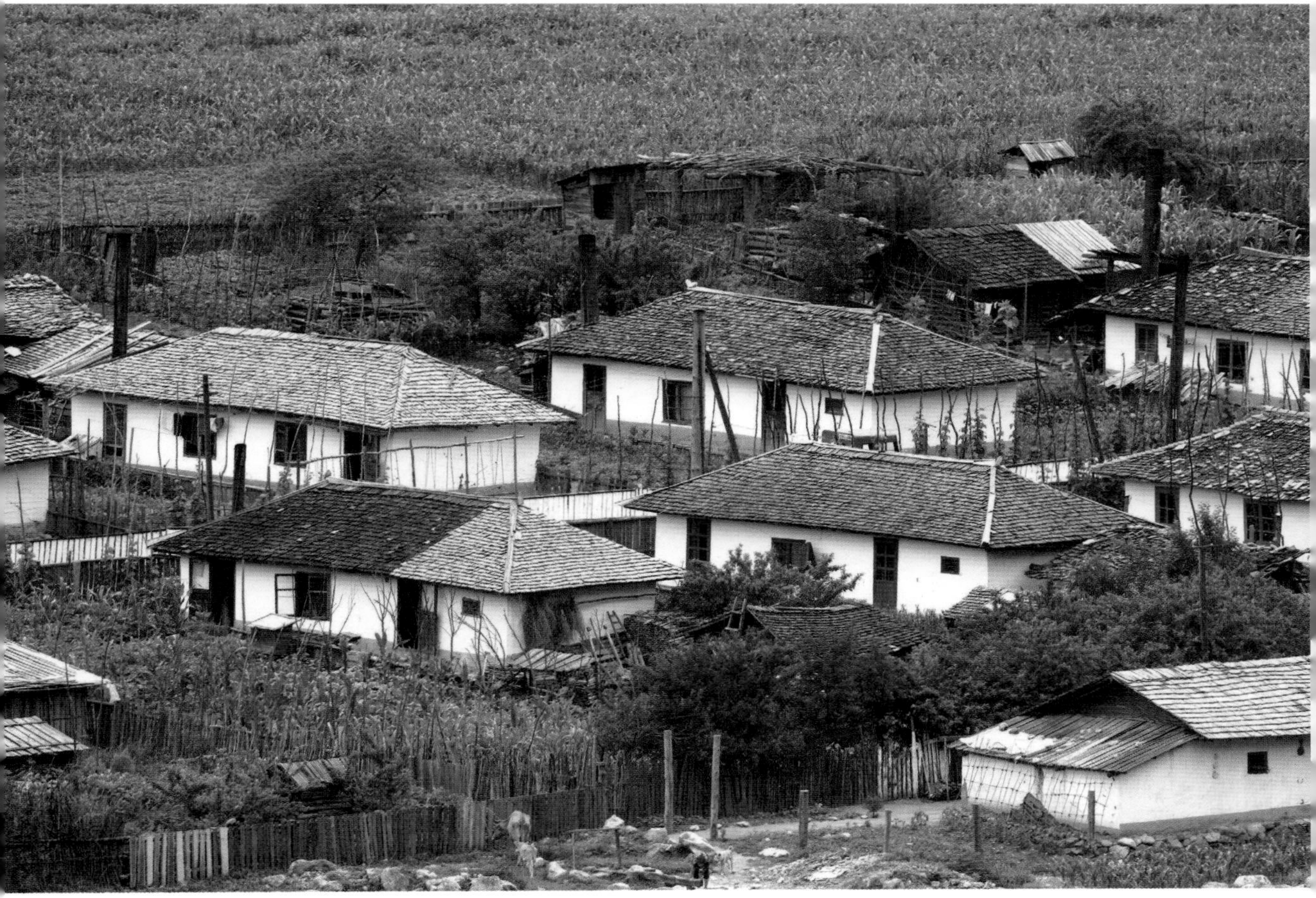

그동안 포평마을에 이를 때마다 국경검문소를 통과해야 한다는 긴장과 두려움 때문에 강변쪽으로 시선을 돌릴 겨를이 없었다. 바로 국경검문소와 마주한 곳에 포평청년역이 있었다. 압록강변에 더 가까이 다가가 사진을 찍고 싶지만 도로에서 강변까지 거리가 제법 멀다. 더구나 도로에는 국경검문소가 있고, 강변쪽에는 공장 울타리로 막혀 있기 때문에 강변쪽으로 접근이 어렵다. 차를 타고 가며 먼발치에서나마 포평청년역을 카메라에 담을 수 밖에 없었다. 그래도 얼마나 기뻤는지 그때의 감동은 이루 말할 수 없다. 완전한 역사 건물을 담을 수 있는 날을 기대해 본다.

같은 장소, 다른 계절

포평사람들

14살 때 김일성 동상

울창한 나무 사이로 햇볕에 반사되어 반짝이는 동상 하나가 눈에 띄었다. 차를 타고 지나면서 찰나의 순간을 카메라에 담았다. 바로 14살 때의 김일성을 형상화한 동상이다. 이곳 포평마을은 김일성이 14살 때 압록강을 건넌 곳이라고 선전한다. 바로 그 강 옆에 김일성 동상을 세워두고 지금도 아이들의 혁명유적지 탐방 장소로 선전하는 곳이다. 포평혁명사적탑과 함께 포평을 대표하는 상징물이다.

량정사업소

북한에서 량정사업소는 식량을 보관·관리하고 주민들에게 공급하는 곳이다. 자전거를 타고 지나가는 여성이 보여 카메라 셔터를 눌렀다. 나중에 사진편집프로그램을 통해 확대해서 보니 파란색 대문이 바로 량정사업소였다. 연속촬영을 한 덕분에 량정사업소 앞을 지키고 선 여성의 모습도 카메라에 담을 수 있었다. 26호모범기대량정사업소라는 표지판이 선명히 보인다.

포평식료공장

포평식료공장 건물에는 '자력자강'이라는 선전구호가 붙었다. 그리고 공장 안쪽에는 "영양가 높은 갖가지 식료품을 더많이 생산보장하자"라는 구호가 선명하다. 포평식료공장에서는 어떤 제품이 생산될까 궁금하다.

포평청년역 사람들

  아직 찬바람이 가시지 않던 4월 어느 봄날, 포평마을을 지날 때 체육대회에 한창인 사람들을 보게 되었다. 너른 운동장으로 보이는 곳에 사람들이 빼곡이 들어찼고, 지나던 이들은 발걸음을 멈추고 구경하기에 시간 가는 줄을 모른다. 삼삼오오 모여 음식을 나누는 사람들도 보인다. 포평마을 사람들, 그날은 무슨 날이었얼까?

11 # 유창역

한여름 나뭇잎이 무성해지면 유창역은 압록강변에서 전혀 보이지 않는다. 몇 번이나 이 길을 오가면서도 유창역을 찾지 못해 아쉬움을 뒤로 했던 기억이 난다. 두지역에서 약 20km를 달렸는데 그 다음 순서인 포평청년역과 유창역을 찾지 못하고 바로 라죽역이 보였다.

두지역에서 라죽역까지 약 20km밖에 안되는 짧은 구간에서 포평청년역과 유창역 두 곳을 찾지 못한 아쉬움이 너무 컸다. 대체 어디에 숨었길래 이 짧은 구간에서 두 곳이나 찾지 못할까 생각하며 수도 없이 이 길을 오갔다. 결국 역을 발견하게 된 건 계절이 바뀌고 나서였다.

한겨울 앙상한 가지 사이로 희미하게 김일성-김정일 초상이 걸린 건물 하나가 눈에 띄었다. 바로 중국쪽 철조망 지역에 높게 세워진 아름드리나무 때문에 유창역이 보이지 않았던 것이다. 오랜 기다림 끝에 찾아서 그랬을까? 한참을 그곳에 앉아 유창역을 카메라에 담고 또 담았다. 인적 없는 조그만 기차역사가 그리도 크게 보였던 적이 없다. 한겨울 압록강 매서운 칼바람도 유창역을 바라보는 시선 앞에서는 잠시 고개를 숙여주었다.

유창역 앞 뗏목을 수리하던 유창마을 사람들

압록강 통나무로를 엮은 뗏목 하나가 뭍에 걸려 오도 가도 못하는 신세가
되었다. 여러 사람이 몰려들어 난파된 뗏목을 구하느라 정신이 없었다. 그들
이 지금 발 딛고 선 곳은 분명 중국 땅이었다. 강변에 내려가 말이라도 건네
고 싶었지만 차마 그럴 수 없었다. 두려웠다. 분단을 살아가는 우리의 보이
지 않는 장벽이 길을 막아섰다. .

유창역에서 라죽역까지 가는 길

유창역에서 라죽역까지 이르는 길에는 몇 개의 조그만 마을이 강변에 자리하고 있다. 이 마을이 유독 기억에 남는 이유는 바로 영생탑과 선전탑이 망원렌즈가 아니더라도 한눈에 보일 만큼 컸기 때문이다. 시기마다 달리하는 선전구호를 확인하는 것도 의미가 있었다.

나무숲에 가려서 보인지 않던 유창역이
겨울이 되어 앙상한 나뭇가지 사이로 모습을 드러냈다

12 **라죽역**

라죽역은 마을과 멀리 떨어진 외딴곳에 홀로 서 있다. 산자락 아래 기차역사 하나만 달랑 세워져 있어 어쩌면 쉽게 눈에 띄기도 한다. 라죽역은 지금까지 본 다른 기차역 건물과 달리 가운데 출입문이 없다. 특히 다른 기차역은 가운데 삼각형 지붕이 주로 김일성-김정일 초상화를 붙이는 용도로 쓰였다. 그런데 라죽역은 양쪽의 건물 규모만큼 큰 삼각형의 2층 건물이 별도로 서 있는듯한 구조다. 기차역 앞에 인공기가 높이 세워진 것도 다른 역과는 사뭇 다른 모습이다.

유창역에서 라죽역에 이르는 길에 영생탑과 선전구호가 보인다

교량과 터널

　라죽역 주변에는 유독 교량과 터널이 많다. 아마도 산세가 험한 이곳 지형 때문에 한눈에 봐도 터널로 철길을 낸 곳이 많다. 터널에 진입하기 직전에 초소도 유독 눈에 띈다. 험준한 산자락에 초소 하나 지어놓고 철길과 터널을 지켜야 하는건지... 이 험난한 곳에 어떻게 철길을 놓았을까 생각될 정도다. 북부 내륙선 철도 건설에 왜 그토록 청년돌격대의 위용을 자랑하는지 알 것 같다.

라죽역 주변 마을 전경

　라죽역사가 보이는 산자락을 휘감아 돌면 제법 큰 마을이 하나 보인다. 집 뒤로 가파른 산이 병풍처럼 둘렀는데 한 그루의 나무를 찾아보기 힘들 정도로 오밀조밀 밭으로 개간되었다. 한여름에 이곳을 보면 그나마 푸릇한 풀이 돋아나 마치 초록의 나무처럼 보이지만 수확을 다 끝낸 초겨울녘에 똑같은 곳을 바라보면 그야말로 황폐한 땅이 그대로 드러난다. 분명 산이라 해야 하는데 뙈기밭으로 갈아엎어 생존의 장이 된 곳이다.

　너와집이 즐비한 전형적인 북중국경의 농촌마을 모습이다.

2부

압록강 700리, 북한 기차역과 사람들

혁명사적지

라죽역에서 후주역에 이르는 길을 달리다 보면 유독 한 곳이 눈길을 끈다. 분명 주변 산을 비롯해 나무 한 그루도 없이 황폐한 땅인데, 하나의 비석을 둘러싸고 꼿꼿이 서 있는 나무가 보인다. 바로 혁명사적지다. 북한에서는 김씨일가가 중국으로 건너가 항일투쟁을 했다고 선전한다. 중국으로 건너가기 위해 배를 탔거나 어느 집에 들렀다면 그 곳에는 어김없이 비석을 세우고 조그만 숲을 조성해 혁명사적지로 꾸며 놓았다. 북중국경을 달리다 주변은 모두 황폐한 땅인데 유독 조그만 숲 하나가 눈에 띈다면, 그리고 그곳에 비석 한 개 덩그러니 세워져 있다면 어김없이 혁명사적지로 보면 된다.

국경경비초소

　사진을 확대해서 건물앞에 내걸린 간판을 보니 〈국경경비초소〉라고 쓰여 있다. "경애하는 김정은동지를 수반으로 하는 당중앙위원회를 목숨으로 사수하자!"라는 선전구호도 보인다. 초소 앞에는 옥수수가 심겼고 출입문 앞에는 터널처럼 길을 내었다. 옥수수밭은 계절에 따라 생과 사를 오갔다.

193

같은 장소, 다른 계절

라죽사람들

라죽역에서 후주역까지 이르는 길에서는 유독 강변에서 빨래하는 사람들을 많이 볼 수 있다. 압록강이 그나마 그들에게 생존의 터가 되는 곳임을 잘 보여주는 곳이라 할까.

후주역을 찾는 일도 녹록치는 않았다. 분명 라죽역과 송전역 사이에 있는 역인데 이 구간을 아무리 달려도 후주역은 보이지 않았다. 나중에 안 사실이지만 후주역사의 정면은 압록강변에서 보이지 않는다. 라죽역을 지나 압록강을 따라 가다 보면 압록강의 본류가 아닌 산쪽에서 내려오는 지류가 하나 보인다. 후주천이라 불리는 이 지류를 따라 안쪽으로 길게 마을이 형성되어 있다. 양강도 김형직군 고읍로동자구다. 후주군이었을 당시 중심지였으나 무창군과 통합하며 군청이 월탄역 부근으로 이전했다. 옛 군청이 있던 곳이라는 뜻에서 고읍이라 불리지만 후주군이라는 지명에서 후주역 칭호를 그대로 사용한다. 만포청년역 기점으로 166km 떨어진 곳이다.

예전에 군청이 있던 마을이니 규모가 제법 크기에 기차역사 건물도 쉽게 찾을 수 있을거라 생각했다. 하지만 마을이 전체적으로 압록강에서 조금 떨어져 산 뒤쪽으로 길게 형성되어 있기에 기차역도 찾을 수 없었다. 한참을 둘러보다 마침 후주천 옆으로 주변의 민가와는 확연히 구별되는 2층 건물 하나가 눈에 띄었다. 그것도 건물 정면이 아닌 측면과 정면 일부만 조금 보일 뿐이었다. 그럼에도 이 건물을 후주역으로 추정하는 근거는 북한 기차역의 공통적인 특징인 김일성-김정일 초상사진이 가운데 걸려있고, 건물 양쪽에 동일한 선전구호가 일부 보이기 때문이다. 특히, 삼각형 지붕 벽면에 김일성-김정일 초상사진이 가운데 걸렸고, 이전에 보던 기차역사와 동일한 형태다. 구글 위성지도에 표기된 후주역 위치와 사진상 위치가 같은 점도 이 건물을 후주역으로 추정하는 단서다.

같은 장소, 다른 계절

후주역 주변의 건물모습

후주사람들

후주역 사람들

　압록강 지류에는 북녘 사람들의 삶이 어려있다. 여름에는 낚시를 하고 겨울이면 빨래를 하거나 얼음을 지치는 아이들이 보인다. 라죽역을 지나 압록강을 달리다 작은 다리가 놓인 마을의 개천이 보일 때쯤이면 차량은 이미 훨씬 앞서가고 있다. 후주천을 포함해 후주역 주변 마을을 자세히 보려면 차 안에서 뒤를 돌아봐야 한다. 급커브 구간이라 차를 정차해서 마을을 보기는 쉽지 않다. 차를 멀찌감치 세워두고 카메라를 숨긴 채 후주천 앞까지 걸어와서 겨우 촬영할 수 있었다.

후주역에서 송전역까지 이르는 길 - 3대혁명 전투장과 철도교량

철도교량 뒤편으로 한 건물이 보인다. 3대혁명이라 쓴 큼직한 구호 밑으로 "3대혁명 붉은기쟁취전투장"이라고 쓴 표지판이 보인다. '군민일치', '백두의 혁명정신', '최후승리', '백두의 칼바람정신', '결사관철' 등 건물 앞에 수도 없는 선전구호판이 보인다. 계절은 바뀌어 초록이 무성한데, 붉은색 선전구호는 어느 때건 그 모습 그대로다.

같은 장소, 다른 계절

송전역도 앞서 라죽역과 같이 마을과는 조금 떨어진 곳에 기차역사만 덩그러니 서 있는 구조다. 다른 기차역과 달리 선전구호를 가로가 아닌 세로로 달았다. 일반적으로 가운데 김일성-김정일 초상사진을 기준으로 가로로 길게 두 개의 선전구호를 붙이는데 유독 이 기차역 구조는 세로로 선전구호를 붙였다. 건물의 구조대로라면 세로로 붙일 수밖에 없는 모양새다.

1년 만에 변한 게 있다면 기차역에 붙인 구호가 2018년 여름에는 하얀색 바탕에 빨간색 글씨였는데, 2019년 여름에는 반대로 빨간색 바탕에 흰 글씨로 바뀌었다. 기차역사에 내걸린 선전문구 역시 2018년에는 〈모두다 당 결정 관철에로!〉라는 글귀였다면, 2019년에는 〈자력갱생만이 살길이다〉로 바뀐 것을 알 수 있다.

204

1년만의 변화

압록강 700리, 북한 기차역과 사람들

숙영차

송전역 플랫폼에 기차 한 대가 서 있었다. 그런데 한 달이 지나 다시 갔을 때도 여전히 그 자리에 멈춰 서 있었다. 사진을 확대해서 보니 기차에 '숙영차'라는 표시가 있다. 이 숙영차에 대해 대북인권활동을 하는 정광일 노체인 대표는 다음과 같이 설명해 주었다.

"철도국에서 운영하는 빵통(기차)인데 북한에는 각도에 철도국이 있습니다. 예를 들어 청진철도국, 함흥철도국 등에서 긴급으로 복구가 필요할 때마다 북구기동대라고 있는데 이런 사람들을 싣고가서 먹고 자면서 공사할 때 사용하는 빵통입니다."

207

송전사람들

송전철길소대

    송전철길소대 건물 옆에 작은 창고처럼 보이는 건물이 있다. 땔감을 저장
해 놓은 듯 한 여성이 땔감을 옮기는 모습이 보인다.

송전터널과 낙석 방지 시설

송전역 주변 역시 산세가 가파른 지역으로 터널과 교량이 많다. 특히 압록
강 바로 옆 산을 깎고 터널을 뚫어 길을 만들었기에 낙석 방지를 위한 시설
이 유독 많이 보인다.

뙈기밭

송전역을 지나 마을 어귀에서 일하고 있는 한 여성을 만난다. 집 앞 마당 척박한 땅을 뙈기밭으로 일구었다. 한눈에 봐도 무거운 바윗돌들이 여기저기 박힌 그야말로 황무지와 같은 땅이다. 홀로 그 땅을 일구는 여인네의 가녀린 손길에 억센 삶의 무게가 고스란히 안겨온다.

마을 어귀 우물

마을 귀퉁이 옥수수밭 한 가운데에 사람들이 모여 있었다. 옥수수밭을 일구는 일을 하는가 싶어서 찬찬히 들여다 보았다. 다름 아닌 우물이었다. 물통을 들고 물을 길으러 온 여성, 채소거리를 다듬고 있는 여성, 그릇을 씻는 아이들... 동네 작은 우물가에 그들의 생존이 있다.

벌꿀통

　길가에 세워진 화물차 한 대가 눈에 띄었다. 짐을 가득 실은 군용차처럼 보였다. 망원렌즈로 확인해 보니 주변에 벌통이 가득하다. 이불도 널어놓고 솥단지도 걸어놓은 걸 보면 아마도 이곳에서 며칠 동안 묵으면서 양봉을 하는 것으로 보인다.

송전역에서 강하역사이

강하역은 정면에 출입문이 없는 특이한 구조다. 송전역 건물구조와 비슷하게 가운데 삼각형 구조물에 양쪽으로 1층 슬레이트 지붕형이지만, 2층 창문과 1층에 출입문이 없다. 출입문은 측면에 설치되어 있다. 강하역 주변에는 민가가 없이 역건물과 철길소대 건물만이 덩그러니 있다. 중국쪽 길은 높은 고개길에서 내리막이 막 시작되는 지점에서 강 건너 강하역이 보인다. 강 건너편이 아닌 멀리 산밑에 자리하기 때문에 가까이 가면 오히려 역사를 보기가 어렵다. 멀리서 역사를 본 후, 더 가까이 가서 찍겠다고 계속 차를 달리면 결국 기차역은 온데간데없이 사라진다. 터널을 하나 지나면 바로 강 아래에 강하역이 다시 보인다. 압록강을 따라 강하역부터 철길이 곧게 뻗어 있다. 기차역 주변에는 산림이 우거졌다.

강하역에서 기차를 기다리는 여성이 보인다

기차 선로를 따라 통나무를 옮기는 작업을 하는 사람들이 보인다

강하역 마을 전경

교량 및 철길

같은 장소, 다른 계절

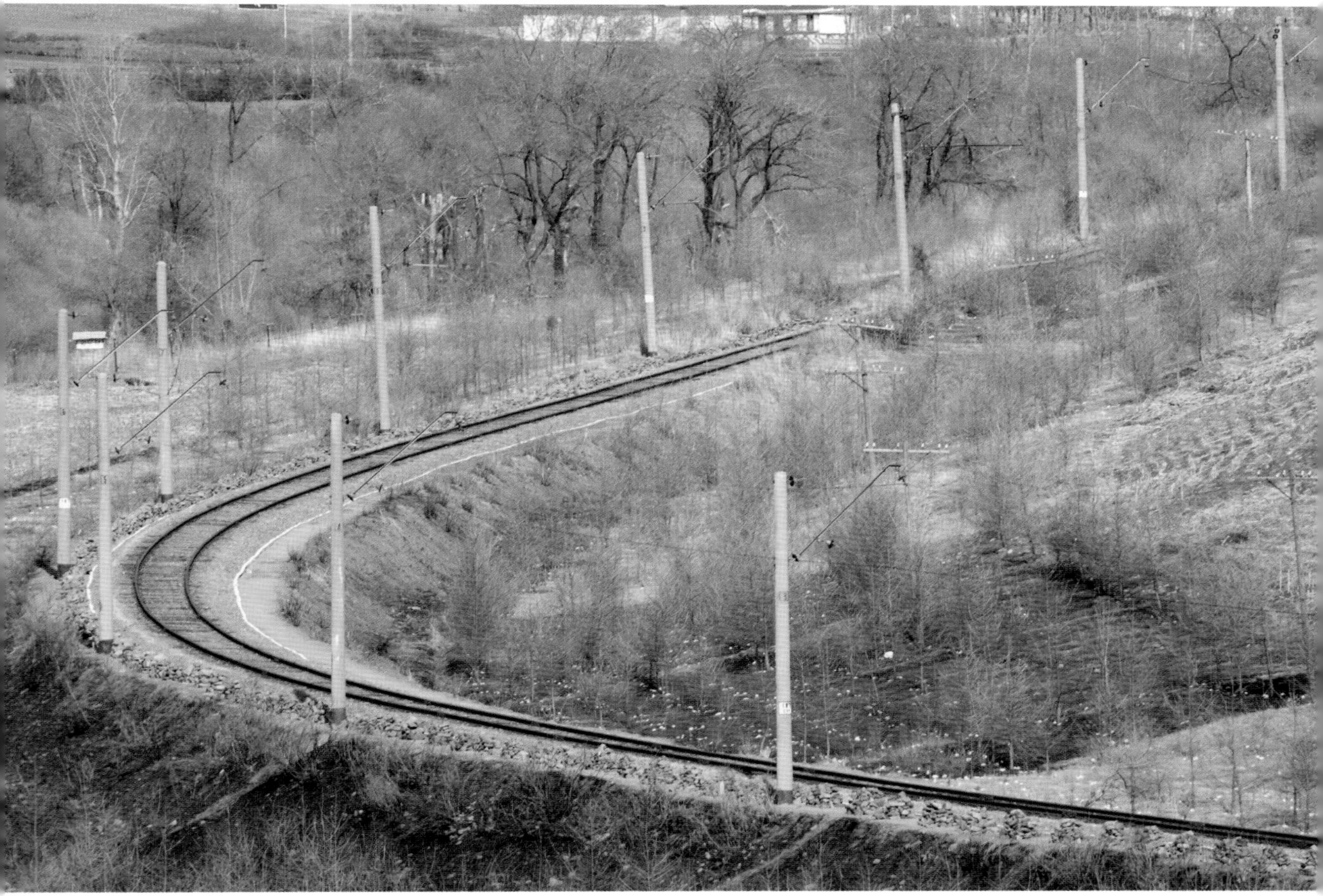

같은 장소, 다른 계절

압록강 700리, 북한 기차역과 사람들

압록강변에 일렬로 심어놓은 나무 때문에
신파청년역은 쉽게 그 모습을 보여주지 않는다

강하역　　　16　신파청년역　　　민탕역
김정숙군

신파청년역이 있는 김정숙군(신파군)이다. 김정숙군은 김일성의 부인인 김정숙이 항일무장투쟁을 했다는 혁명사적지로 선전하는 곳이다. 포평청년역을 지나 작은 간이역 정도의 작은 마을들을 몇 개 지나치면 제법 큰 도시처럼 보이는 김정숙군을 마주한다.

신파청년역은 이 구간에서 볼 수 있는 기차역사 가운데 가장 규모가 크고 특이한 모양이다. 역사건물은 무엇보다 웅장하면서도 소박한 건축미가 느껴진다. 그런데 아쉽게도 두 개의 장애물 때문에 역사를 가까이에서 볼 수 없다. 첫 번째는 중국에서 세워놓은 T자형 철조망이다. 도로에서 숲을 헤치고 강변을 향해 한참을 걸어 들어가면 이내 T자형 철조망이 앞을 가로막는다. 거기까지 밖에 갈 수 없다. 두 번째는 강변에 심어놓은 큰 나무와 숲이다. 특히 여름에 신파청년역의 모습을 볼 수 없는 건 바로 이 나무 때문이다. 일부러 역사를 가리기 위해 심어놓은 것인지 모르지만 정확히 건물을 가리고 있

다. 무성한 잎이 떨어진 겨울이나 이른 봄이 되면 나무 사이로 겨우 신파청년역 일부를 볼 수 있다.

또한, 이 지역은 중국쪽 도로 곳곳에 감시카메라를 설치해 두었기 때문에 잠시 차량을 멈추기도 쉽지 않다. 그만큼 신파청년역의 건축미를 보는 건 어렵다는 말이다. 도심에서 멀찌감치 차를 세워두고 압록강변 가까이 최대한 걸어 들어가 겨우 몇 장의 사진을 담을 수 있었다.

신파청년역 앞에 세워진 T자형 철조망으로 인해 더이상 가까이 접근할 수가 없다

신파사람들

<조선에서의 건설>책에 소개된
김정숙군의 모습

압록강 700리, 북한 기차역과 사람들

신파청년역

마을을 달리는 기차

　만포-혜산 철도 노선에서 그나마 달리는 기차를 자주 볼 수 있는 곳이 바로 김정숙군이다. 특히, 이곳은 압록강 폭이 좁아 중국에서 쉽게 시가지를 볼 수 있다. 압록강변을 따라 달리는 기차는 시가지를 가로질러 가기 때문에 기차가 지나는 시간이면 마치 한 폭의 그림을 보는 듯한 풍경을 자아낸다.

　그런데 객차가 아닌 화물기차나 기관차를 타고 가는 주민들을 자주 볼 수 있다. 석탄을 가득 실은 화물차 안에서 한 여성이 손을 흔들어 주는 모습은 묘한 감정을 불러일으킨다. 얼굴이 온통 시커멓게 물들고, 사람이 있어야 할 곳이 아닌 화물칸에 쭈그리고 앉아서 보내는 웃음기 띤 미소가 더없이 슬프게만 다가온다.

교량 및 철길

　기차가 자주 다니지 않는 철길은 아이들의 통학길로 제격이다. 집으로 돌아가는 아이들의 재잘거림이 압록강을 건넌다.

조선우표에 소개된 신파청년역

김정숙이 지하거점장소로 사용했다며
선전하는 석전양복점

압록강 700리, 북한 기차역과 사람들

신파혁명사적지 답사 숙영소

신파나루터

신파역 주변 건물 아파트

신파문화회관

신파혁명사적지 답사 숙영소

압록강 700리, 북한 기차역과 사람들

신파역 주변 건물 초소

　김정숙군의 시가지를 조금만 벗어나면 큰 교량이 하나 놓여있다. 북한과 중국의 경계를 가르는 압록강 지류인데, 강폭이 꽤나 넓다. 교량을 지나면 산등성이에 옹기종기 집들이 들어앉아 또 다른 마을을 이루었다. 계절에 관계 없이 그 철길 위로는 항상 사람들이 건너다닌다.

압록강 700리, 북한 기차역과 사람들

같은 장소, 다른 계절

김정숙군 마을 전경

　자강도 중강진에서 출발해 양강도 혜산까지 이르는 이 구간중에서 가장 규모가 큰 마을이라서 그럴까? 제법 큰 아파트 건물들이 강변에 늘어서고 멀리 문화회관 건물의 웅장함이 압록강을 압도한다. 김정숙과 관련한 사적지 마을이라 그 당시 사용했을 봉화대가 강변에 자리하고 있다. 마치 이 마을의 랜드마크처럼 보인다. 옹기종기 모여 앉아 이야기를 나누는 신파역 사람들의 모습이 한눈에 들어온다. 집앞에 고추를 널어 놓은 할머니 곁에서 손주의 재롱도 이어진다. 눈앞에 보이는 것만으로는 세상 그 어떤 곳보다 평온하고 아름다운 전경이다. 단지 보이는 게 그러할 뿐이다.

240

신파사람들

17 # 민탕역

민탕역사는 앞서 송전역사와 비슷한 구조다. 가운데 삼각형 모양의 2층 구조물을 기본으로, 창문을 전면에 배치했고 출입문은 1층 측면에 양쪽으로 있다. 송전역이 세로형으로 선전구호를 배치한 것과 달리 민탕역사는 양옆 1층 건물의 규모가 커서 그런지 가로로 선전구호를 달았다는 점이 다르다. 처음에 이 기차역 이름이 '민랑'인지 '민탕'인지 잘 구별하기 어려웠다. 사진을 찍고 나중에 확대해서 보고 정확히 이름을 알 수 있었다. 민탕역 주변도 강하역과 마찬가지로 주변에 민가는 보이지 않고 철길소대 건물만 있다. 기차역사 주변으로 밭이 조성되어 있기 때문에 언제 가도 밭일을 하는 마을주민을 쉽게 볼 수 있다.

같은 장소, 다른 계절

압록강 700리, 북한 기차역과 사람들

민탕사람들

민탕역 주변 밭 가는 주민들

**민탕역 플랫폼에서
열차를 기다리는
사람들**

혜산철도분국 위연전철대 민탕전차선로

농업과학기술선전실

민탕역에서 오함덕역까지 이르는 길

　민탕역에서 오함덕역까지 이르는 길 역시 몇 번이고 반복해서 다녔는지 모른다. 오함덕역을 찾기가 쉽지 않았기 때문이다. 특히 민탕역에서 오함덕역까지 이르는 구간에는 양묘장으로 보이는 산비탈이 있다. 이곳의 구호와 풍경에 빠져들면 오함덕역을 찾기가 더더욱 어렵다.

　〈질 좋은 나무를 더 많이 생산하자〉라는 커다란 구호가 산비탈에 놓여 있고, 실제로 작은 묘목들이 자리를 차지하고 있다. 양묘장으로 보이는 이곳의 선전구호는 〈수림화〉, 〈원림화〉이다.

압록강 700리, 북한 기차역과 사람들

오함덕역을 찾기 위해 민탕역과 풍양역 사이를 수없이 오갔다. 오함덕역을 찾을 수 없었던 건 역시 나무에 가려져 보이지 않았기 때문이다. 다른 역사들도 대부분 나무에 가려져 찾을 수 없었던 건 똑같지만 유독 오함덕역 앞에는 큰 나무들이 즐비해 역사를 제대로 볼 수 없었다. 나무가 잎을 모두 떨군 겨울에 갔을 때에야 늘 지나다니던 그곳에 오함덕역이 있음을 알았다.

아주 멀리서 기차역사의 공통된 특징인 김일성-김정일 초상화를 발견하고 최대한 가까이 접근했다. 하지만 그마저도 너무 먼 거리라 망원렌즈의 초점이 흐려져 제대로 담을 수 없었다.

나무 사이로 그나마 조금 모습을 보여준 오함덕역은 그 모습을 온전히 담기에는 역부족이었다. 처음에는 오함덕 기차역사가 맞는지도 확신이 들지 않았다. 그나마 이 건물이 오함덕역임을 확인해 준 건 '오함덕역'이라고 쓴 커다란 명패 때문이었다. 다른 기차역이 일반적으로 '역'이라는 단어 없이 지명만 표기하는 것과 달리 이곳은 '오함덕역'으로 표기되어 있었다.

오함덕 객주집: 비밀련락장소

오함덕의 의미는 김일성의 〈세기와 더불어〉 5권에 잘 나타나 있다. 김정숙이 항일운동을 했다는 신파 지역으로부터 약 20km 정도 떨어진 오함덕은 김정숙의 항일운동과 관련한 장소로 주로 언급되기 때문이다.

김일성의 〈세기와 더불어〉

신파지구 조직들에서 유격대에 보내오는 식량, 천 같은 다량의 원호물자들은 대부분 물방아집 아지트와 오함덕객주집을 통하여 떼목이나 나루배에 실려 압록강을 건너가곤하였다. 오함덕객주집은 가족 단위로 묶은 특수분회였다. (세기와 더불어 5. 량민보증서) 갑산, 북청, 덕성, 단천 일대에 가게 되는 성원들은 오함덕비밀련락장소들을 거점으로 하여 파견하였다.

오함덕역에서 풍양역 사이 어느 마을의 모습

오함덕사람들

● PEOPLE ○ PLACE

한겨울 외투를 벗어놓고 작업하는 군인들의 앳된 얼굴이 압록강변에 묻힌다.
비밀련락소가 있었다던 오함덕에는 지금 누가 어떤 모습으로 살아갈까?

오함덕역에서 풍양역사이

257

풍양역은 허허벌판 한가운데 덩그러니 기차역사가 자리 잡았다. 만포-혜산선 구간 중 가장 경관이 좋은 지형이라 해도 과언은 아니다. 남이나 북이나 같은 땅인데 남한에서는 한번도 볼 수 없었던 모습이 펼쳐진다. 산등성이를 굽이 내려보면 광활한 벌판이 산자락 아래에 드넓게 펼쳐져 있다.

풍양역사 역시 수없이 오간 길에서 쉽게 찾을 수 없었다. 무엇보다 마을이 아닌 광활한 벌판에 역사 하나가 세워져 있으리라고는 생각지 못했다. 압록강변에서 너무 멀리 떨어져 있어 망원렌즈에 담긴 모습도 희미하다. 풍양역도 오함덕역과 같이 지명 뒤에 '역'을 표기했다.

풍양역을 달리는 기차

풍양역 가파른 산등성이 아래로 기차 한 대가 지나간다. 기차라기보다 전차로 표현하는 게 맞을 것 같다. 느릿느릿 달리는 속도가 산등성이를 스치듯 휘감는다. 망원렌즈에 희미하게 담긴 객차 내부의 모습을 보면, 우리네 지하철처럼 사람들이 옆으로 나란히 앉아있는 게 보인다. 출입문에 기대 선 군인은 담배 한 대를 물었다. 어디로 향하는 길일까?

풍양역 마을 전경

    북한 마을의 전형적인 특징이라고 해야할까? 집을 어쩌면 이리도 나란히 정렬해서 똑같이 지을 수 있을지 그저 신기하다. 똑같은 모양에 똑같은 굴뚝이 집집 마다 세워졌다. 하지만 모든 굴뚝에 똑같은 연기가 피어오르는 건 아니다. 영하 30도가 넘는 혹한의 계절, 새벽녘 굴뚝에 연기마저 피어내지 못하는 집은 온밤을 어떻게 견디어 넬는지...

풍양역을 지나 상대역에 이르는 구간은 한동안 압록강을 벗어난다. 만포에서 혜산까지 이르는 동안 산으로 막혀 압록강을 볼 수 없는 가장 긴 구간이다.

상대역사는 가운데 2층 구조와 옆으로 날개를 단 다른역과 비슷한 구조다. 하지만 상대역은 양쪽이 똑같은 크기의 구조가 아니라 정면에서 봤을 때 왼쪽이 훨씬 더 긴 구조가 특징이다.

상대역의 사계절을 담을 수 있었던 건 여름에도 역사가 또렷이 보였기 때문이다. 대부분 여름이면 기차역 앞이나 압록강변에 숲이 우거져 제대로 볼 수 없다. 상대역은 산자락 아래 길게 철길이 놓였고 역사가 그 자리를 홀로 지키고 있다. 주변에 나무도 많지 않아 수풀이 무성한 한여름에도 상대역사를 찾기란 그리 어렵지 않다.

상대역의 사계절

  계절이 바뀔 때마다 상대역은 다른 옷으로 갈아입는다. 그곳에 사는 이들의 삶도 계절의 변화만큼 다양할까? 매서운 바람이 뼛속을 에이는 상대역의 겨울은 유난히 길다.

같은 장소, 다른 계절

토끼풀과 아이들

　북녘의 한여름, 아이들은 학교에 없었다. 들로 산으로 농촌동원을 가는 아이들의 힘겨운 걸음이 메아리처럼 들려온다. 토끼풀 한가득 손에 들고 가는 아이들의 애잔한 여운이 귓가를 맴도는 듯하다.

상대사람들

터널 앞 초소

상대역 주변은 산세가 험하고 가파른 절벽이 많다. 바위산을 깎아 터널을 만들고 길을 냈다. 높은 산 아래 조그만 동굴 입구처럼 보이는 터널이 보인다. 터널 앞에 자리한 초소는 어떤 임무를 부여받았을까?

같은 장소, 다른 계절

상대역에서 삼수역

경축 추대라는 구호가 보인다

산에서 일하는 사람들

21 삼수청년역

삼수갑산하면 불현듯 스치는 인물이 있다. 시인 백석이다. "산으로 가는 건 세상에 지는 것이 아니다"라며 홀연히 세상 인연과 담을 쌓고 삼수지역으로 유배를 간 애환의 시인. 삼수역은 시인 백석의 흔적이 있는 곳이라 더없이 애착이 갔던 곳이다.

유배지였을 만큼 산세가 험하고 세상과 격리되었던 곳이라 생각했지만, 사실 압록강 건너 보이는 삼수역은 야트막한 평지에 아담히 자리 잡았다. 물론 삼수 지역과 삼수역과는 다소 거리가 멀어서 삼수역이 있는 곳만 보고서는 그 지역의 산세를 판단하기는 어렵다. 그럼에도 최소한 삼수역이 있는 곳은 유배지라기 보다는 강변 옆 아담한 마을 정도로 느껴졌다.

삼수역을 볼 수 있는 곳은 중국쪽 도로에 큰 휴게소가 설치되어 있다. 휴게소 주차장에서 화장실만 들렀다 그냥 가면 절대 삼수역을 볼 수 없다. 화장실 뒤편으로 호기심에 이끌려 가면 압록강 너머 삼수역을 한눈에 내려다 볼 수 있다.

삼수역을 지나는 기차

　삼수역을 지나는 기차가 유난히 많았다.

숙영차

　기차에 쓰인 글자를 확대하니 '숙영차'라는 푯말이 붙었다. 저곳에서 숙영하며 기차선로나 기차를 수리할 때 사용하는 기차다.

영생탑

삼수역 주변건물

284

같은 장소, 다른 계절

마을전경 가을

마을전경 겨울

같은 장소, 다른 계절

삼수사람들

동화같은 마을속에서 느껴지는 억압과 독재

삼수역과 늪평역 사이 - 군대막사

　삼수역에서 늪평역 사이에 이르는 구간에는 참으로 다양한 사람들의 모습을 만난다. 군대 막사를 촬영한 사진을 확대해 보니 우물이 한눈에 들어온다.

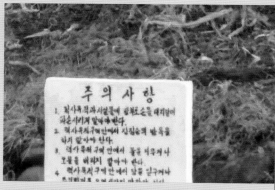

압록강 가까이에 위치한다. 하지만 중국쪽에서 도로가 급경사에 좁은 길이라 정차하기 어렵다. 더구나 유독 이 지역은 중국쪽에서 도로 바로 옆에 철조망과 팬스를 설치해 사진 촬영이 매우 어렵다. 차에서 내려 걸으면서 촬영할 수도 있지만 도로 자체가 압록강 낭떠러지라 걷는 것도 쉽지 않은 코스다. 특히 중국 도로를 오가며 순찰하는 사복 차림의 국경수비대 차량 때문에 도로에서 카메라를 들고 촬영하는 건 불가능하다. 역명판을 한번에 촬영하지 못하고 카메라 앵글이 잡히지 않아 〈늑평청년역〉역명을 한번에 담지 못하고 늑평과 청년을 나누어 찍어야 할 정도로 장애물이 많다.

늑평청년역 바로 앞에 약 스무여 채의 민가가 자리하고 있다. 역사 정면에는 차를 세울 수 없지만 1km정도만 더 가면 중국쪽 도로휴게소가 있어 늑평마을 전체를 조망할 수 있다.

기차역사

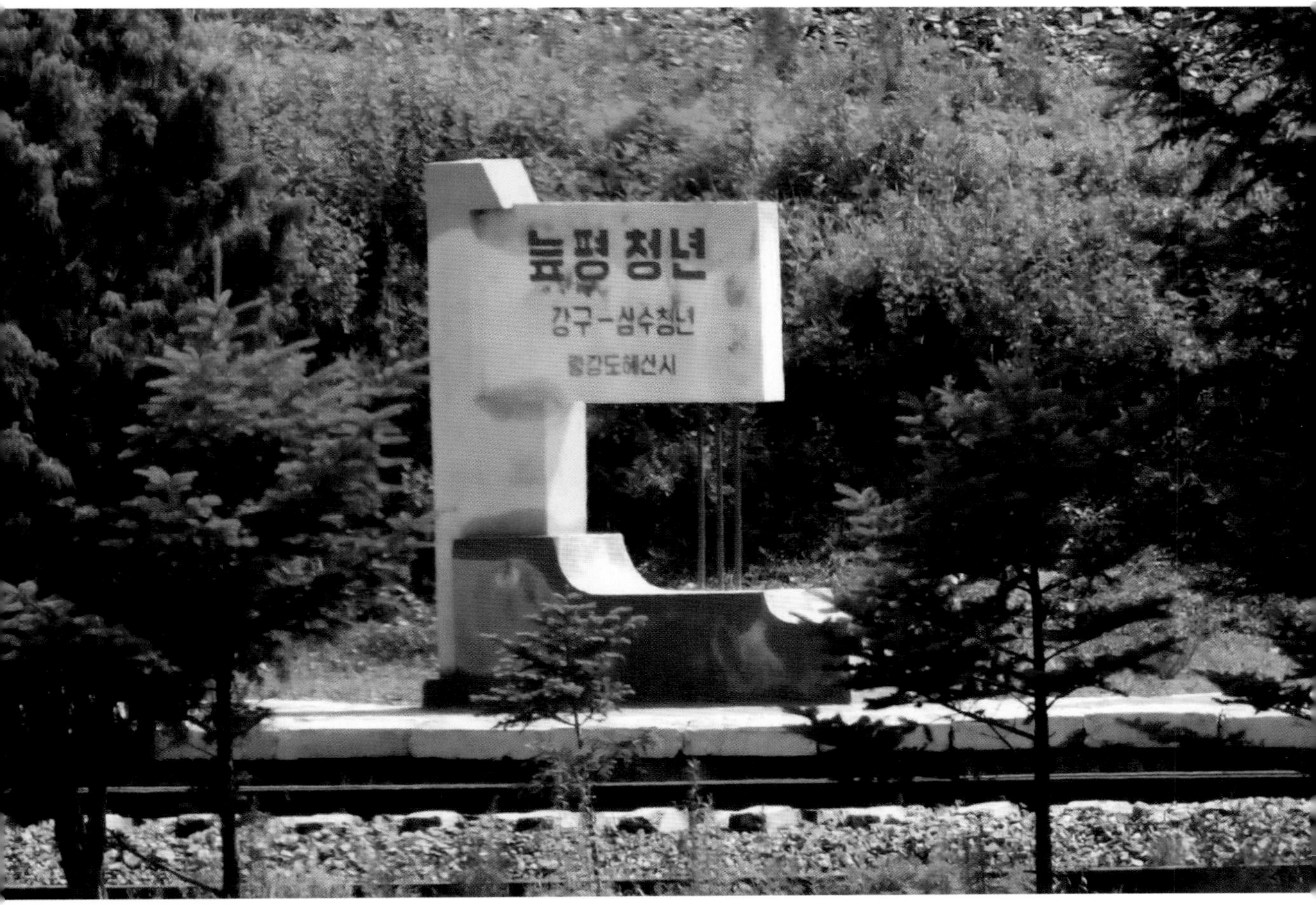
늪평청년
강구-삼수청년

같은 장소, 다른 계절

중국쪽 도로에서 바라본 늪평청년역과 마을

늪평역 앞에 정차한 수리차

방아 찧는 마을

압록강 700리, 북한 기차역과 사람들

늪평역사람들

늪평역에서 강구역

험준한 산 그리고 철길

23 강구역

종착역인 혜산청년역을 앞두고 마지막으로 정차하는 곳은 강구역이다. 늦평청년역에서 강구역까지는 약 5km여 밖의 짧은 구간이다. 양강도 혜산시와 마주한 중국 장백현 지역에 막 들어서기 직전, 기차 철교 하나가 눈에 들어온다. 철교 아래로 감시초소와 군부대 막사가 보이고, 강변에서 물놀이하는 주민들도 자주 볼 수 있다.

그곳에서 멀지 않은 기찻길 바로 옆으로 건물이 하나 서 있다. 바로 강구역이다. 김씨 부자의 초상과 두 개의 선전 구호가 나란히 걸려 있지만, 강구라는 역명 표지판은 보이지 않는다. 현재는 사용하지 않는 간이역으로 북중국경지역에서 압록강 건너볼 수 있는 북한 기차역 중 그나마 가까운 곳에 있는 역이다. 압록강을 따라 놓였던 기찻길이 혜산 시내로 접어들면서 강이 끝나는 지점에 해당한다. 만약 혜산방면에서 만포시를 향해 달린다면 반대로 압록강변에 놓인 첫 번째 기차역인 셈이다. 백두산 남파에서부터 흘러 내려온 천지 물이 양강도 혜산시를 지나 압록강이라는 큰 강을 만들어 내는 지점이기도 하다.

강구사람들

강구고급중학교

강구역에서 눈길을 돌려 언덕 쪽으로 조금 올려다보면 하얀색 건물이 하나 서 있다. "경애하는 김정은 장군님의 참된 아들딸이 되자", "조선을 위하여 배우자"라는 빨간색 선전구호가 선명하다. 바로 강구고급중학교 건물이다.

혜산시 강구동(江口驛)

혜산시에 진입하기 전 마을이라 그럴까? 두 갈래의 길이 하나로 합쳐지는 곳이라 감시초소와 검문소가 마을 입구를 지킨다. 철교 위를 걸어서 오가는 군인들의 모습도 종종 볼 수 있다. 철교 아래 군부대 막사로 보이는 건물에는 "위대한 김정은동지를 수반으로 하는 당중앙위원회를 목숨으로 사수하자!"라는 구호가 보인다. 이곳을 지나면 이제 종착역인 혜산시에 이른다.

압록강을 가로지르는 교량

강구역

24 # 혜산청년역

만포역을 출발한 기차는 혜산청년역에 이르러 기나긴 여정의 막을 내린다. 압록강 이천리 물길을 따라 쉼없이 내달린 만포-혜산선 열차다. 북한과 중국 사이 강폭이 가장 좁은 양강도 혜산은 북한과 중국 간의 밀수가 빈번한 곳이다. 혜산 시내 어디에서나 〈보천보전투기념탑〉이 보일 만큼 혁명유적지로 선전하는 곳이기도 하다.

중국에서 망원렌즈로 촬영할 수 있는 곳 중 가장 가까운 곳에 있는 대도시지만 정작 혜산청년역을 사진에 담을 수는 없었다. 압록강에서 멀리 떨어진 곳에 있기도 하지만, 북한과 중국쪽 모두 삼엄한 감시로 인해 촬영하는 것이 여간 어려운 일이 아니다. 특히 북한 혜산과 마주한 중국 장백현은 압록강을 따라 수백 대의 감시카메라가 사각지대 하나 없이 촘촘하게 설치되어 있다.

만포-혜산선 기차 노선인데 정작 혜산청년역과 만포역을 사진에 담을 수 없었던 것이 가장 큰 아쉬움으로 남는다. 통일 그날이 오면, 만포-혜산선을 타고 가장 먼저 압록강을 달려 볼 꿈을 꾼다.

〈제2의 천리마 대진군〉호

압록강 700리, 북한 기차역과 사람들

새벽녘, 혜산시 전경

역전백화점

　혜산청년역 앞에 길게 늘어선 골목에 장마당이 열린다. 혜산청년역과 가까운 곳에 있어서인지 역전백화점이라 쓴 건물이 눈에 띈다.

318

혜산 장마당
혜산 장마당에서는 무엇을 사고 팔까?

혜산으로 향하는 기차

　〈평양-혜산〉이라고 쓴 표지판을 달고 기차 한 대가 달린다. 압록강 건너 또 다른 세상이 있음을 이제야 안 것일까? 창문 밖으로 빼꼼히 고개를 내민 한 군인의 눈빛이 낯설다.

압록강 700리, 북한 기차역과 사람들

혜산사람들

혜산건재상점

　역전백화점 앞 도로 하나를 사이에 두고 혜산건재상점이 보인다.

연흥동 인민반 초소

혜산 장마당을 뒤돌아 나가면 아파트 살림집이 하나 섰다. 그리고 연흥동 인민반 초소라고 쓴 표지판이 동네 이름을 말해준다.

나가며

다가오는 여름 즈음에 북중국경 비전트립를 떠난다는
사람들의 들뜬 마음들이 벌써부터 전해 온다.
그 길에 서고자 함은 조국의 반쪽 땅을 타국에서라도 바라보고자 하는
간절한 그리움이자 절박함일게다.

하지만 나에게는 막혀 버린 길이다.
지금은 갈 수 없는, 가서는 안되는 길이 되어 버렸다.
추방된 이에게는 허락되지 않는 여정이기에,
그저 부러움과 아쉬움이 속절없이 바스락거린다.

길은 여전히 통하는데 그 길 위에 사람만이 설 수 없다.
분단인의 비애는 절절히 사무쳐 녹슨 철조망에 뾰족이 내걸린다.

언제가 되어야 저곳을 다시 갈 수 있을까?
내 조국의 반쪽 땅을 굳이 남의 나라 국경에서 위험을 감수하고
바라봐야 할까라는 생각이 불현듯 스친다.

통일 조국의 하나 된 그날,
압록강 반대편 우리네 기찻길 위에서 중국을 바라보며
달려 보고픈 마음 간절하다.

봄날,
압록강 얼음이 녹고 숨죽였던 물줄기가 다시 힘찬 기백을 이어갈 것이다.
언 땅을 녹이는 푸른 새싹처럼 분단을 녹일 통일의 마음들이
압록강 언저리에 피어나기를 간절히 소망해 본다.

통일의 간절함이,
이제 불가능한 일이라는 말에 지레 겁먹고
기억 속 저편으로 사위어지지 않기를 간절히 바랄 뿐이다.

길은 열려야 한다.
아니, 반드시 열어야만 하리라.

그리하여 '도산 안창호 선생'의 독립 의지를 통일의 마음으로 바꾸어 굳건한 결의를 높뛰는 심장에 새겨넣는다.

"그렇다 나는 밥을 먹는 것도 독립(통일)을 위해, 잠을 자는 것도 독립(통일)을 위해, 가는 것도 독립(통일)을 위해, 오는 것도 독립(통일)을 위해, 숨을 쉬는 이 순간도 독립(통일)을 위해. 나더러 독립(통일)운동을 그만두라고 하면 죽으라는 것과 같다. 죽더라도 혼이 있다면 독립(통일)운동은 계속할 것이다."

평양에 있는 어머니 묘소에 단 한 번만이라도 가보는 게
죽기 전 소원이라는 '이나'를 위해 강동완 쓰다.

북한에서 발행한 기차그림 우표

부산역에서 출발한 고속열차가 신파역에 가닿을 날을 그려본다

SINCE 2015

너나들이는 서로 너 나하며 허물없이 지내는 사이를 일컫는 순우리말입니다.
도서출판 너나드리는 남북한 사람들이 서로 그런사이가 되기를 바라는 희망을 안고
통일 북한 전문 출판을 통해 하나의 길을 만들어갑니다.